AF349141

RIISUTTU TOTUUS

RIISUTTU TOTUUS
Aito keskustelu toipumisen tiestä

Peter Sapiano

ISBN 978-952-69955-5-7 (softcover)
ISBN 978-952-69955-6-4 (PDF)
ISBN 978-952-69955-7-1 (EPUB)
ISBN 978-952-69955-8-8 (MP3)

Hei, nimeni on Peter. Olen elämäni aikana menettänyt joitakin tärkeitä ihmisiä. Yksi ystävällisimmistä ja aidoimmista ihmisistä, jonka olen koskaan tuntenut, teki itsemurhan, koska ei voinut enää poistaa kipua alkoholinkaan avulla. Menetin serkkuni, koska hän ajatteli, että pullo on ainoa vaihtoehto. Minulla on ollut ystäviä, jotka ovat hypänneet rakennuksen katolta huumeiden vaikutuksen alaisina kuvitelleensa voivansa lentää. En ehtinyt isoisäni luo hänen viimeisenä elinpäivänään, koska minulla oli kiire ulos kännäämään.

Rehellisesti sanoen olin käännekohdassa kadottamassa itseni. Riippuvuuteni alkoi aiheuttaa minulle vahinkoa fyysisesti, henkisesti sekä hengellisesti. Ajauduin siihen pisteeseen, että en voinut jatkaa pidemmälle enkä nähnyt ulospääsyä tästä mustasta aukosta.

Jos luulet, että tämä oli pahin tilanne, jonka olen koskaan joutunut käsittelemään, niin eipä ollut. Olen ollut toipuva päihteiden käyttäjä vuodesta 2020. Olen edennyt askel askeleelta ja pyytänyt apua. Olen ollut vieroitushoidossa. Olen muuttanut 35-vuotisen päihteiden käyttäjän elämäni puhtaaseen, selvään ja myönteiseen elämään. Olen käynyt läpi kaiken hien, kivun ja kyyneleet. Matkani melkein tappoi minut, enkä toivo kenenkään kokevan samaa helvettiä kuin itse kävin läpi.

Kirjoitin tämän kirjan ystävilleni ja perheenjäsenilleni lupauksena siitä, että autan niin montaa ihmistä kuin voin, jotta he saavat elämänsä takaisin raiteilleen ja että kenenkään ei tarvitse kärsiä tai tuntea kuten he tulisivat kärsimään tehdessään tämän yksin. Jos tämä kirja auttaa sinua löytämään itsesi, niin lukemiseen käytetty aika ei ole mennyt hukkaan.

Janin, Minnan, Taunon (isoisäni) ja kaikkien niiden muistolle, jotka ovat lähteneet tästä maailmasta liian aikaisin.

AHAA-oivallus

Jos sinulle tulee WAU- tai AHAA-oivallus kirjaa lukiessasi, laita kirja hetkeksi sivuun ja kerro minulle, mikä tuo hetki oli, koska siitä on todella suuri apu minulle.

Lähetä oivalluksesi osoitteeseen:
sappiheal@gmail.com

SISÄLLYS

JOHDANTO 1

LUKU 1:

HALUATKO SORTUA ENTISEEN VAI MUUTTUA?. 11

LUKU 2:

EN VOI PAKOTTAA SINUA MUUTTUMAAN........... 35

LUKU 3:

YKSI TAPA SOPII KAIKILLE? ANTEEKSI VAAN, EI

ONNISTU 47

LUKU 4:

AIOTKO IKÄVYSTYTTÄÄ MINUT KUOLIAAKSI?.... 59

LUKU 5:

MUUTOS ON KOKONAISVALTAINEN PROSESSI... 69

LUKU 6:

PERHE, YHTEISÖ JA VERTAISTUKI 109

LUKU 7:

ARVOT VAIKUTTAVAT HOITOON................121

LUKU 8:

TRAUMA ON KÄSITELTÄVÄ, JOTTA MUUTOKSEEN

VOI VAIKUTTAA................127

LUKU 9:

TOIPUMINEN EDELLYTTÄÄ HENKILÖKOHTAISTA

VASTUUTA................135

LUKU 10:

KUNNIOITA TOIPUMISPROSESSIA................143

LUKU 11:

YHTEENVETO................155

ANNA PALAUTETTA................161

KIRJOITTAJASTA................163

LISÄLUKEMISTA/LÄHTEET................164

JOHDANTO

Miljoonia dollareita käytetään joka vuosi siihen, että ihmiset pääsisivät eroon riippuvuuksistaan. Monet ihmiset käyttävät aineita, kuten huumeita tai alkoholia rentoutuakseen, pitääkseen hauskaa, saadakseen kokemuksia tai selviytyäkseen stressistä. Kuitenkin joillekin ihmisille aineiden käyttö tai sitoutuminen tietyntyyppiseen käyttäytymiseen saattaa muuttua ongelmalliseksi ja johtaa riippuvuuteen.

Päihteiden käyttö on melko yleistä kansainvälisesti ja tilastotiedot vaihtelevat käytetyn aineen mukaan. Arvioidaan, että lähes 5 % maailman väestöstä on käyttänyt laittomia aineita, 240 miljoonaa ihmistä ympäri maailman on alkoholin ongelmakäyttäjiä ja noin 15 miljoonaa ihmistä käyttää suonensisäisesti pistettäviä huumeita, pillereitä tai mitä tahansa vastaavaa, mitä saavat käsiinsä. Tästä aiheesta on kirjaimellisesti kirjoitettu satoja kirjoja, perustettu hoitolaitoksia ja pidetty seminaareja. Ehkäpä kysytkin: "Mitä opittavaa minulla oikeastaan on tästä kirjasta? Onko tämä vain kooste kaikista noista tuottoisista kirjoista täynnä sanomaa 'herää aamulla aikaisin tai syö paremmin, niin voit paremmin'."

Vastaukseni sinulle on ei. Vaikka suurin osa päihdyttävien aineiden väärinkäyttöä käsittelevistä kirjoista on hyviä, totuus on, että nuo kirjat ovat terapeuttien ja lääkäreiden kirjoittamia eli ihmisten, jotka eivät ole käyneet läpi toipumisen kidutusta. Haluan puhua toisesta näkökulmasta.

Tarkoitukseni ei ole moittia muita kirjoja. Ainoa tarkoitukseni on auttaa sinua <u>taistelemaan</u> omia esteitäsi vastaan käyttämällä tosi elämän kokemusta ja esimerkkejä, jotka oikeasti toimivat. Luet ja kuulet kivun sekä tunnet vihan. Luet myös rehellisen totuuden yksinkertaiselta oppaalta, joka haluaa auttaa sinua taistelussa itsetuhoa ja elämässä kohdattavia vastoinkäymisiä vastaan. Tämä antaa nopeasti tuloksia, joita haluat. Tiedän sen, koska olen ollut siellä.

Kenelle tämä on siis tarkoitettu?

Nyt on oikea hetki lukea tämä kirja, jos olet aineiden väärinkäyttäjä, toipuva addikti tai perheen jäsen, joka haluaisi oppia enemmän kivusta ja taisteluista, joita päihderiippuvainen käy läpi. Tämä kirja on tarkoitettu sinulle, josta tuntuu, ettei sinulla ole käsitystä, kuinka aloittaa uusi matka toipumiseen. Tämä on sinulle, jos et halua tuntea itseäsi yksinäiseksi ja haluat tietää, kuinka muut ovat taistelleet tiensä läpi tämän sairauden. Tämä on sinulle, jos olet yrittänyt kovasti jonkin aikaa onnistumatta siinä.

Tämä kirja on myös sinulle, jos todella olet valmis tekemään muutoksen voidaksesi alkaa nauttia oikeasta, omasta elämästäsi. Mitä järkeä on työskennellä ankarasti 'uuden minän' eteen, kun yksi pieni hairahdus voi suistaa sinut takaisin vanhaan elämääsi! Tämä kirja on sinulle, jos viimeinen lause pelottaa sinua, etkä tiedä kuinka muuttua.

Kuka on Peter?

Ehkä ihmettelet sanojani, ok, kuulostaa hyvältä ja kaikkea, mutta kuka hitsi tuo tyyppi on? Miksi minun pitäisi kuunnella häntä? No, alkajaisiksi, olen lyhyt ja täynnä energiaa. Minun energisyyteni saa sinut innostumaan ja saa sinut todella haluamaan muutosta elämääsi, jolloin voit tämän luettuasi tehdä täyskäännöksen elämässäsi.

Paitsi että olen innostunut, olen Peter Sapiano ja olen toipuva päihteiden käyttäjä vuodesta 2020. Olen edennyt askel kerrallaan apua pyytäen. Olen ollut vieroitushoidossa. Olen muuttanut 35-vuotisen ns. "normaalin" elämäni puhtaaseen, selvään ja myönteiseen elämään. Olen itse käynyt läpi kaiken kivun, hien ja kyyneleet. Matkani melkein tappoi minut enkä toivo kenenkään kokevan samaa helvettiä kuin itse kävin läpi.

Haluan rehellisesti jakaa sen, miten jäin henkiin, miten onnistuin tässä ja miten voin auttaa muita tekemään saman. Haluan vetää esiripun pois edestä ja paljastaa, mitä tämä sairaus pakottaa sinut käymään läpi ja kuinka voit selviytyä siitä.

Totuuden nimessä toivoin voivani sanoa, että kaikki tulee olemaan helppoa ja sujuisi kuin elokuvassa. Elokuvissa aineiden väärinkäyttöä ihannoidaan. Niissä saadaan näyttämään ikään kuin vaikein osuus olisi päätyä pohjalle ja pyytää apua. Aivan kuin yhdessä maagisessa hetkessä kurkotat kohti apua ja elämäsi muuttuu ainiaaksi. Aivan kuin olisit selviytynyt vaikeimmasta osuudesta ja elokuva etenisi ja elämä jatkuisi siitä onnellisena loppuun saakka.

Mutta TÄMÄ ei ollut se rankka osuus. Se oli vasta välttämätön osuus: ensimmäinen tärkeä askel. Eikä siinä varmasti ollut mitään helppoa. Mutta TÄMÄ on rankin osuus. Osa, jota ei näytetä elokuvissa. Osa, joka tulee seuraavaksi. Mikä tulee seuraavaksi? Sinun auttamisesi läpi rankan osuuden itse-tuntemuksen avulla, omanarvon tunnon rakentaminen ja VIHDOINKIN itsesi tuhoamisen lopettaminen. Mutta sinun täytyy haluta sitä tosissani.

Mitä hyödyt tästä kirjasta?

Jotta totisesti saat elämäsi hallintaasi ja tullaksesi positiiviseksi, toipuneeksi ja kunnianhimoiseksi versioksi itsestäsi, on tärkeää, että olet avoin muutokselle, älä taistele mitään ehdotusta vastaan, vain koska pelkäät tuntematonta. Ei ole yhtä mallia, joka sopii kaikille. Joku voi olla onnellinen ja tehdä heti kaiken mitä kirjassa esitetään, joillekin siihen menee enemmän aikaa. Luvussa 1 tarkastelen kuinka elämäsi muuttuu. Opit perusarvoja sekä sen, miksi on niin tärkeää muuttaa niitä. Itse opin, että voidakseen mennä eteenpäin on pysähdyttävä ja todella katsottava taaksepäin. Sinun täytyy katsoa mitä sinulla on tässä ja varmistaa, että et ota sitä mukaasi, kun siirryt eteenpäin. Elokuva saa sinut luulemaan, että päihde on se, joka sinulla on nyt. No, joo. Tietty et olisi tässä ilman aineita. Mutta päihde oli seuraus jostakin muusta, jota kannoit mukanasi ennen kuin koskaan aloitit päihteiden käytön.

Muotoillakseni tämän oikein meidän molempien on hyväksyttävä se, että muutos vaatii sinun ottavan itsesi haltuun. En voi saada sinua uskomaan itsesi uudelleen sanomalla, että lue tämä kirja. Voin vain osoittaa sinulle, kuinka lopetat itsesi tuhoamisen.

Luvussa 2 opit, että joidenkin ihmisten tarvitsee vain uskoa itseensä uudelleen. Tuhoamme itseämme päivittäin ja kaiken sen jälkeen katsot taaksepäin ja naurat kaikelle tallentamalle, mitä olet pääsi sisälle luonut.

Ei myöskään riitä, että ajattelutapasi on oikea, sinun täytyy uskoa! En tarkoita uskonnollisessa mielessä, vaan uskoa itsesi. Jos et usko, että voit tehdä tämän tai jos et usko itseesi, toipuminen tulee olemaan helvetti, jonka minä kävin läpi.

Sinun täytyy myös tarkkaan tietää mitä sinun pitäisi tehdä ja kuinka pääset tavoitteisiisi. Ainoastaan silloin voit alkaa nauttia asioista, joita vihaat ja pelkäät. Meidän täytyy luoda joukko erilaisia sääntöjä ja vaatimuksia itsellemme. Suurin osa meistä vain valittaa ja jatkaa valittamista, mutta luvussa 3 aloitamme tämän muuttamisen.

Luvussa 4 sukellamme ensimmäiseen esteeseen, jonka kohtaat matkallasi, nimittäin tylsyys. Nyt sinulla ei ole muuta kuin aikaa, koska et tee mitä normaalisti tekisit, etsisit huumeita, juopottelisit baareissa tai olisit sammuneena jossakin. Yritämme määrittää sinulle ihanteellisen ympäristön niin, että voit optimoida aikasi ja maksimoida aikaansaannoksesi.

Luvussa 5 analysoimme hyvinvoinnin seitsemän ulottuvuutta. Opit käyttämään näitä eri ulottuvuuksia omassa elämässäsi siten, että asiat on helppo pilkkoa saavutettaviksi tavoitteiksi, jotka saa merkittyä tehdyiksi ilman stressaamista mitä tekisi seuraavaksi.

Luku 6 käsittelee perhettä, yhteisöä ja läheisten tukea. Siinä kerron kuinka häiriötekijöitä voi kontrolloida ja olla välittämättä asioista, joita ei voi kontrolloida, jotta voi keskittyä enemmän siihen mistä pitää ja missä on hyvä.

Luvussa 7 tarkastellaan hoidon ymmärtämisen merkitystä, mistä siinä on kyse ja kuinka sinun tulee ymmärtää arvot. Keskustelemme uskomuksista ja arvoista ja siitä, kuinka ne vaikuttavat yhteisöön, jossa elämme.

Yksi vaativimmista jaksoista on kirjan luku 8. Tässä luvussa keskustelemme, kuinka tärkeää on käsitellä trauma. Meillä on niin monia demoneja sisällämme emmekä ole vapautuneet niiden tuomasta henkisestä paineesta. Tässä luvussa päästämme niistä irti.

Voit lukea miljoona kirjaa, voit mennä jokaiseen hoitolaitokseen maailmassa. Hittolainen, voit saada jonkun seuraamaan jokaista liikettäsi, jotta pysyt kaidalla tiellä. MUTTA toipuminen 100 %:sti vaatii henkilökohtaisen vastuun ottamista. Luvussa 9 puhumme peiliin katsomisen tärkeydestä ja tuon vastuun ottamisesta.

Ensimmäisestä päivästä, jolloin matkani alkoi, tiesin, että muutos ei tule olemaan helppo. Luvussa 10 keskustelemme muutosprosessin kunnioittamisesta. Ei ole olemassa nopeita keinoja, vaan hankkeeseen ryhtyminen on koko eliniän kestävä, päivittäinen keskustelu itsesi kanssa. Tässä luvussa tulet ymmärtämään sen, miksi meidän täytyy kunnioittaa muutosprosessia.

Ja lopuksi, luvussa 11, keskustelemme siitä, miten kaikki tämä saatetaan yhteen. Tämä on oleellista, jos haluamme ymmärtää, saada aikaan ja ylläpitää sinun toipumistasi päivästä päivään, kuukaudesta toiseen ja vuodesta toiseen.

Luku 1:

Haluatko sortua entiseen vai muuttua?

Riippuvuuteni oli saamassa yliotteen elämästäni. Muistan yhä sen päivän kuin eilisen. Heräsin ja olin saanut tarpeekseni.

Viikonloppu oli tullut ja mennyt ja jälleen kerran olin krapulassa. Minun oli aika saada apua. Olin pohjalla eikä minulla ollut tietoakaan, kuinka olin päästänyt itseni tähän pisteeseen. Se mikä oli alkanut muutamalla rentouttavalla oluella, jotta sain ajatukseni rauhoittumaan, oli kärjistynyt pisteeseen, jossa – jos en saanut huumetta tai päihdettä –

räjähdin vihaiseen raivoon kenelle tahansa milloin tahansa. Se oli elämäni pelottavin hetki.

Mitä tahansa teinkin näytti siltä, että tämä kaava toistui aina kohdallani, tiedätkö tunteen? Koin kaiken äärimmäisyydestä toiseen. Join tai käytin marihuanaa, ei siksi, että halusin tulla känniin tai liitää korkeuksissa kuin leija. Ok, älä käsitä minua väärin. Siinäkin oli etunsa ja se tuntui hyvältä. Kun nyt katson taaksepäin, näen syvemmällä olevan syyn, miksi halusin näitä aineita. ADHD-mieleni laukkasi kuin ravihevonen laput silmillä.

Se oli ainoa keino, jolla pystyin pysäyttämään ajatukseni ja vapautumaan niistä. Sillä niin kauan kuin voin muistaa, pääni on tuntunut hyvin sotkuiselta paikalta, jossa niin monet ajatukset risteilevät yhtä aikaa. Paras tapa selittää tätä, on tunne kuin mieleni olisi teemapuisto. Se ei ole koskaan satumaa. Se ei ole koskaan rauhassa.

Olin ajautumassa pisteeseen, jolloin en voinut edes

rauhoittua. Kuvittele käveleväsi yli sillan, joka kulkee vilkkaan moottoritien yli ja katsot alla ajavia autoja.

Tällaista oli pääni sisällä aina, jo lapsesta lähtien. Kuvittele moottoritie täynnä autoja ja ainoa asia, jonka halusin saada selville, oli jokaisen auton väri. Mutta sen sijaan mietinkin: Minkälaiset renkaat autoissa on? Mihin ne ovat menossa? Miksi tuo nainen istuu takapenkillä, vaikka etuistuin on tyhjä? Näinkö autossa vuohen? Satunnaisia risteileviä ajatuksia. En koskaan kyennyt keskittymään vain yhteen ajatukseen. Se on uuvuttavaa.

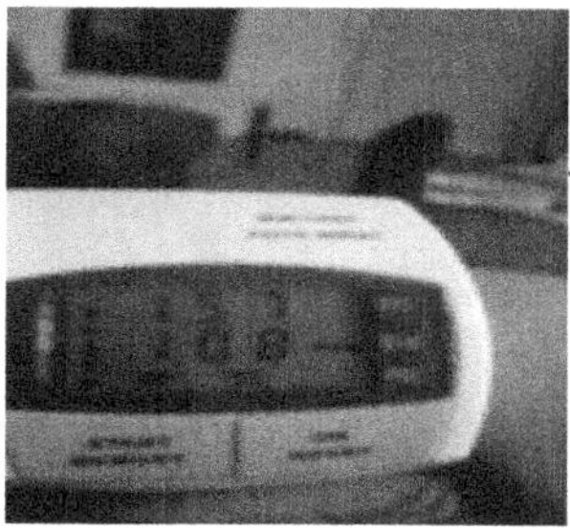

Verenpaineeni ampaisi ylös ja tämän lisäksi painoni nousi TODELLA paljon.

Päivisin join ja tupakoin ja öisin ja aamutunneilla söin mitä tahansa rasvaista roskaruokaa mitä käsiini sain. Katson kuvia tuolta ajalta, enkä tunnista itseäni. Olen 163 cm ja painoin 90 kg. Siis 90 kg, et taida uskoa!

Myös ulkomuotoni alkoi mennä, näytin videopelin zombilta. En välittänyt miltä näytin. Halusin vain saada itseni sekaisin.

Pahimmillani näytin Saddam Husseinilta silloin, kun amerikkalaiset vetivät hänet kolostaan. Kammottava LIHAVA karvainen hirviö.

Jatkoin miettimällä miksi minulle aina tapahtuu pahoja ja järjettömiä asioita? Sillä niin kauan kuin muistan, olen aina tehnyt asiat äärimmäisyyksiin mennen. Laihduttaminen, urheileminen, juominen ja tupakoiminen. Se oli ainoa tapa toimia, jonka tiesin.

Kuvittele muutaman sekunnin ajan, jos pudottaisin painoani, tekisin sen niin rankalla dieetillä kuin mahdollista. Jospa jostakin syystä päätyisin "huijaamaan". En yksinkertaisesti voisi jatkaa dieettiä, koska olin huijannut. Jättäisin sen, mitä olin tekemässä ja alkaisin syödä kaikkea ja mitä tahansa mahdollista. Kuulostaa terveelliseltä, eikös?

Massiivinen jojo-efekti. Aloitat dieetin joka maanantai, jos lopetat sen keskiviikkona, et aio palata dieettiin heti torstaina. EI, oikeasti, kuka tekee niin?!! Tietysti aloitat jälleen maanantaina.

No minä tein näin juomisen kanssa, mutta se ei ollut kuitenkaan aivan sama asia. Hitto vie en aikonut lopettaa sitä. Join vähintään 12–15 olutta päivässä ja tein näin joka päivä. Se ei ollut minulle ollenkaan paha asia, sillä minulla meni koko päivä niiden juomiseen. Ajattelin pitää hyvänolontunteen käynnissä koko päivän ja pitää ajatukseni kurissa. Tein tämän kaiken ja silti pidin huolta lapsistani. En ole mistään tästä ylpeä, mutta otin oluet repustani, kun menin töihin.

Vaimoni otti automme, joten minä menin bussilla, jolloin sain loistavan tilaisuuden ottaa drinkin, koska en ajanut autoa.

Mutta jos voit kuvitella 7,5-tuntisen työvuoron toimistolla IT-insinöörien kanssa, jotka eivät puhu lainkaan, kun taas minä olen sosiaalinen juomari. Olin tulossa hulluksi.

Päivästä riippuen minua alkoi vituttaa, koska avoin toimisto oli niin HELVETIN HILJAINEN. Tai sitten olin vauhdissa ja sain kaikki nauramaan. Pidin pirskeet käynnissä, sillä kävin usein ulkona parkkipaikalla imaisemassa pari olutta.

Olen yllättynyt, ettei kukaan huomannut, sillä en todellakaan tuoksunut hyvältä! Olen varma, että lemusin vanhalle likaiselle juopolle. Toimistomme oli pieni tila, jossa istuimme. Miten he eivät olisi voineet huomata?

Siltikin suurin osa työtovereistani vain tokaisi "tämä kanadalainen" on aina niin hullu ja villi.

Muistan päivän, jolloin tapasin yhtiömme yhden pääneuvonantajista. Hän tuli toimistoon ja sanoi: "Lopultakin tapaan sinut, minun nimeni on Toni." Olin yhdessä näsäviisaimmista mielentiloissani ja vastasin: "Hei Toni, nyt kun oot tavannut mut, voit painua vittuun!" Olipa minulla kanttia. Toni nauroi sille ja sanoi: "Onpa hyvä, että jollakin on huumorintajua tässä toimistossa. Kuulin, että olet koomikko." Ja siitä alkaen minusta tuli yhtiön hauska kaveri.

Joissakin kokouksissa minua pyydettiin aloittamaan kokous vitsillä ilmapiirin keventämiseksi. "No mikä ettei", ajattelin, kiva olla keskipisteenä hetken aikaa, ja aloin käsittää, että he pitivät juopottelevasta minästäni. Ei myöskään ollut keinoa lopettaa juomista, joten löysin tavan saada se toimimaan.

Aloin saada niin monet ihmiset toimistolla nauramaan, että otin askeleen eteenpäin ja ryhdyin stand up -koomikoksi. Mielestäni onnistuin siinä melko hyvin. Rakastin sitä, että monissa esiintymispaikoissa minulle annettiin avoin piikki baariin, no mutta, en ollut ahne, minulla oli tietysti OMAT juomat mukanani.

Yleensä sen jälkeen, kun olin räjäyttänyt paikan naurulla, onnellisuus päättyi ajomatkalla kotiin. Älä huoli, en ajanut, en pystynyt. Minulla oli yleensä kuljettaja, joten ARVAAT, että matkalla esitykseen ja sen jälkeen pystyin keskittymään juomiseen.

Useimmiten matka oli hauska ja täynnä naurua, mutta joka kerta lähestyessämme kotiani, mieliala autossa synkkeni ja nauru hiipui hitaasti pois. Olethan nähnyt lapsen leikkivän puistossa sydämensä kyllyydestä ja sitten äiti tulee hakemaan hänet kesken leikin kotiin. Juu en tahtonut tämän illan loppuvan, en halunnut jäädä yksin ajatusteni kanssa.

Aivan taloni edessä alkoi sitten aina kyynelehtiminen. Vuodatin ulos kaiken, mikä oli mielessäni. Itsesääli oli sairasta, ja minun on sanottava, että hyvä ystäväni ja kuljettajani Mirjam oli uskomaton persoona.

Hän kuuli vuodatukseni onnellisuudesta kipuun ja silti hän aina jaksoi olla positiivinen minua kohtaan. En voi kuvitella, miltä hänestä on täytynyt tuntua, aikuinen känninen mies kaatamassa koko sielunsa hänen päälleen. "Miksi teen näin joka ilta?", "Miksi en vaan voi jatkaa komediaa?", "Olen niin hyvä, miksi kaikki vihaavat minua?"

Juomiseni oli muuttumassa pahemmaksi. Olut ei

tuonut enää kicksejä, niinpä siirryin viskishotteihin. Siitäpä tuli 12 oluttölkin lisäksi aina viski & kokis. Lapseni näkivät minun juovan vain kokista.

Join lasteni läsnä ollessa, kun minun oletettiin huolehtivan heistä. Mutta en ollut väkivaltainen juoppo. Olin niin iloinen, rakastava, hauska ja energinen, kun olin alkoholilla kyllästetty. Minun on vaikea selittää tätä, mutta tunsin olevani maailman huipulla. Tämä oli asia, jota en voinut ymmärtää, kuinka asia, joka teki minut onnelliseksi ja täynnä elämää olevaksi, alkoi hitaasti tappaa minua.

Lapseni nauttivat joka hetkestä kanssani, me vitsailimme, nauroimme tehdessämme tyhmiä ja hölmöjä asioita. Mutta se surettaa, kun hain heidät päiväkodista ja kävelimme kotiin, en ajatellut muuta kuin oluen juomista. Kun pääsimme sisälle, pyysin heitä menemään kylppäriin pesemään kädet.

Sitten riensin omaan kylppäriini ja matkalla nappasin jääkaapista oluen. Kylppärissä join oluen niin nopeasti kuin kykenin. Menin takaisin lasteni luo ja tuntien oloni todella hyväksi kysyin: "Mitäs haluatte, että tehdään? Iskä on valmis kaikkeen." Omissa silmissäni olut teki minusta paremman isän, isän, joka halusin aina olla.

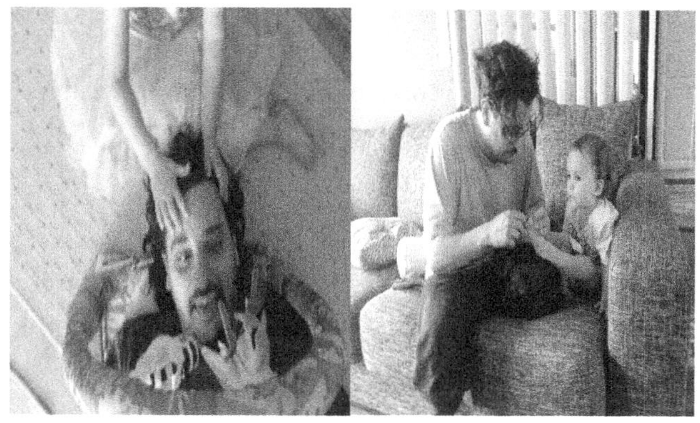

Tietyssä vaiheessa vainoharhaisuus alkoi saada yliotteen minusta. Katsoin viskipulloa ja ajatukset siitä, että vaimoni on tietoinen tekemisistäni, alkoivat myllätä päässäni. Oliko hän huomannut, että minulla oli alkoholiongelma ja oliko hän kaatanut osan viskistäni viemäriin?

Yhä tänä päivänä minua hämmentää se, että pystyin

piilottamaan tämän kaikilta, jopa omalta vaimoltanikin. Mietipä tätä ajatusta, maailma, jossa elämme, on täynnä ihmisiä, jotka piilottelevat naamion takana. Ja se on uuvuttavaa. Todellisuudessa minä olin sen viskin juonut, mutta en vain muistanut sitä.

Tämä tilanne alkoi toistua yhä useammin tai sitten en muistanut mitään.

Mirjam, ystäväni ja kuljettajani kuunteli, kun valitin, ulisin, itkin silmät päästäni ja hän salli sen kaiken tulla ulos. Olen tästä hänelle kiitollinen.

Hän ei arvostellut minua, hän ei moittinut minua, hän vain kuunteli ja antoi minun sanoa mitä minulla oli sanottavaa. Mutta hän mainitsi, että minun olisi muutettava perusarvojani. Miten hitossa sen tekisin? Ja mitä se edes tarkoittaa?

Mitkä ovat sinun perusarvojasi? Monet elämänsä muuttaneet ihmiset puhuvat perusarvoista, mutta tuskin löydämme ihmisiä, jotka osaisivat vastata tähän kysymykseen millään tavalla.

Tiedämme myös, ellei käytöksesi ole linjassa perusarvojesi kanssa, siitä seuraa psyyken syvä häiriö ja se voi johtaa intohimon vajeeseen ja energian puutteeseen elämässäsi.

Kun katsot henkilöä, joka kamppailee päihdeongelman kanssa, tämä seikka tulee esiin yhä enemmän. Yletön juominen voi turruttaa tietoisuuden perusarvoistasi ja johtaa usein huonoon päätöksentekoon siitä, asetatko juomisen etusijalle sen sijaan, että tapaisit apua tarvitsevaa ystävää.

Perusarvot ovat asioita, jotka ovat syvällä sisimmässäsi ja joiden tiedät olevan oikein. Esimerkiksi ihmissuhteen perusarvo on olla uskollinen eikä petkuttaa. Koin vaikeaksi ymmärtää sen, että minun täytyi muuttaa perusarvojani, koska kun join, perusarvoni olivat täsmälleen oikeat.

Ajattelin, että se mitä tein, oli yhteneväistä perusarvojeni kanssa, mutta kadotin perusarvoni heti, kun en kyennyt juomaan tai tupakoimaan. Kun olet riippuvainen alkoholista tai huumeista, sinulla on taipumus unohtaa arvosi, varsinkin, kun sinulla on tarve saada aineita. Onko tämä se mistä Miriam puhui? Minun oli saatava oma onnellinen, hauska, luottavainen itseni takaisin ja käyttämällä päihteitä sain itsevarmuuden tehdä niin, mutta se alkoi karata käsistä. Kuinka saatoin päästää itseni tähän pisteeseen?

Poltin marihuanaa pihalla, kun lapset menivät nukkumaan. En välittänyt, vaikka naapurit olisivat haistaneet sen enkä pelännyt, vaikka joku soittaisi poliisin. Säilytin huumeita varastohuoneessa perheeni kodissa! En voinut pitää niitä talon sisällä, koska minulla oli pienet lapset kotona.

Johtuiko siitä, etten enää välittänyt, en myöskään välittänyt, miten huumata itseni niin kauan kuin olin hauska, itsevarma ja onnellinen tyyppi, jonka jokainen halusi lähelleen? Olin valmis heittämään kaiken pois vaientaakseni negatiiviset ajatukset.

Aina kun minulla ei ollut päihteitä, mieleni sekosi. Kuulin kirkumista ja ulvomista, kuulin ääniä, jotka kertoivat minulle kaikenlaisia hulluja ja sekopäisiä asioita. Kuinka hullua tämä on? Minun piti itse lääkitä itseäni, koska näin olen aina tehnyt nuoruudestani lähtien hallitakseni ADHD-oireitani ja tunteitani.

Tästä syystä olin aineiden väärinkäyttäjä; tiedän, että tätä on vaikea ymmärtää. Olin hyvä tyyppi aina, kun olin pilvessä. Tarkoitan, olin vitsinkertoja, sain aina ihmiset nauramaan. Olin itsevarma enkä ollut huolissani tai peloissani missään tilanteessa. Olin kohtelias, hurmaava, innostunut ja täynnä energiaa. Siksi pystyin piilottamaan sen niin hyvin kaikilta. Olin jokaisen stereotypian vastakohta mielikuvasta, joka ihmisillä on päihderiippuvaisesta.

MUTTA olin ilkeä, loukkaava ja tuhoisa, kun olin yksin. Onnekseni nuo tunteet kohdistuivat ainoastaan itseeni ja ne yleensä katosivat, kun saisin nukuttua ne pois. Ainoa häiriö, jonka kotiväki saattoi huomata, oli porsasmainen kuorsaamiseni silloin, kun satuin nukahtamaan selälleni.

Kun olin terapiassa, minulta kysyttiin, millaista oli olla "pohjalla", mutta ei sellaista ole. Useimmat päihderiippuvaiset, minä mukaan lukien, ajattelevat loppuun saakka, että asiat voisivat olla huonommin ja oikeuttavat tällä päihteiden käytön. Ja huolimatta siitä kuinka kammottavasti asiat ovat päihderiippuvaisella, meidän mielissämme ne voivat AINA olla vielä huonommin.

Useimmille meistä, erityisesti toipumassa oleville, tämä ei johdu yksittäisestä tapahtumasta tai tietystä olosuhteesta. Näin mihin tämä johtaisi. Tajusin, että en halua tällaista elämää enää, niinpä hain ja sain apua.

Tiedän, että avun pyytäminen ei ole helppoa, mutta jossakin kohtaa sinun täytyy ajatella itseäsi ja elämääsi. Haluatko elää onnellista elämää vai olla mullan alla? Nimittäin juomiseni ja aineiden käyttöni alkoi hitaasti, otin vain muutaman rentoutuakseni. Pohjalla ollessani join ja poltin ruohoa joka päivä. Nukuin ehkä 2–3 tuntia yössä, koska tein kahta työtä. Jouduin sairaalaan verenpaineen vuoksi. Ja samalla olin myös vastuuntuntoinen, onnellinen, hauska ja energinen isä.

Kaiken huipuksi yritin yhä piilottaa tämän kaiken

ympärilläni olevilta ihmisiltä. Perheeltä, ystäviltä ja jopa työtovereilta, sillä tarvitsin todella työni. Nyt kun katson taaksepäin, se oli melkoinen optinen harha ja onpa melko vaikuttavaa, että onnistuin siinä 35 vuotta.

Huolimatta siitä tosiasiasta, että sisältä olin yhtä sotkua, ulospäin olin melkoinen ylisuorittaja. Kun ajattelet tätä, olin täydellinen vastakohta sille, minkälaiseksi yhteiskunta kuvitteli päihderiippuvaisen.

Minun oli pakko viettää nopeatempoista, täynnä toimintaa olevaa, ilman rajoja olevaa, päämäärähakuista elämää, tein kaiken äärimmäisyyksiin vieden, asian toisensa jälkeen. Asetin itselleni todella korkeat tavoitteet ja sitten puskin itseni saavuttamaan ne.

Ehkä voit samaistua tähän. Tai sitten olit juuri päinvastainen ja sinun oli vaikea saada mitään tehdyksi loppuun. Meillä kaikilla on oma ainutlaatuinen tarinamme siitä, kuinka olemme johdotettu ja miten toimimme maailmassa.

Juoksin kolme puolimaratonia ja treenasin perse ruvella ollakseni kunnossa, jotta voisin alittaa kaksi tuntia. Treenasin kuin hullu ja sitten sain lauantain "karkkipäivän". Toisinaan päivä venyi viikonlopun – okei viikon – kännäämiseksi, pössyttelyksi ja hulluudeksi.

Niin kovaa kuin harjoittelin puolimaratonia varten yhtä kovaa tein töitä tuhotakseni itseni. Oli hämmästyttävää, että ollenkaan kykenin lopettamaan karkkiviikon. Paitsi että minun oli yhä vaikeampi tehdä se. Tiesin, että päiväni pitää tämä asia aisoissa olivat luetut. Melko pian ulkomuotoni alkoi olla yhtä ilmeistä sekamelskaa kuin sisimpäni.

Mutta ongelma päämäärähakuisen elämäntavan kanssa on: mitä sitten, kun tavoite on saavutettu? Juoksin puolimaratonin ja pääsin tavoitteeseeni juosta matka alle kahdessa tunnissa, kuten olin suunnitellut.

Hyvin tehdyn työn jälkeen lähdin ulos juhlimaan. Juhliminen kesti lähes kuukauden. MIKSI? Koska minulla ei ollut mitään muuta suunniteltuna. Kuusi kuukautta treenasin perse ruvella puolimaratonia varten ja nyt kun olin tehnyt sen, mitä muuta varten treenaisin?

Kun katson taaksepäin, ymmärrän, että tämä oli toinen esimerkki siitä, kuinka yritän näyttää kaikille, että minulla ei ollut mitään ongelmaa. Ymmärsin myös, että päämäärän tavoittelu sävähdytti minua ja silti sitä oli miltei mahdotonta pitää yllä.

Katsos, jos elämäntyylisi on nopeatempoista, päämäärähakuista, palat loppuun tuota pikaa, koska sinun on mentävä täysillä koko ajan. Ei hetkenkään taukoja, koska on niin helppoa kadota jälleen riippuvuuteen. Se vaatii veronsa fyysiseltä ja henkiseltä hyvinvoinniltasi.

Yksi syy, miksi en koskaan kyennyt muuttamaan elämääni, oli se, että olin vuosia yrittänyt tehdä sen vääristä syistä. Ei ole koskaan väärin luopua päihdyttävien aineiden väärinkäytöstä. Mutta jos teet sen vääristä syistä, se päätös ei useinkaan pidä.

Se on kuin dieetti. Siksipä ihmiset menevät lihavuusleikkaushoitoon, pudottavat painoansa ja lihovat jälleen. He eivät korjanneet perussyytä – syvemmällä oleva syytä – miksi syövät kuten syövät, eikä heidän motivaationsa ollut tarpeeksi vahva.

He seurasivat väärää minkä takia -kysymystä. On

oleellista löytää SINUN perusteesi, eikä se peruste, johon luulet uskovasi. Mitä vahvempi oma perusteesi on sitä varmemmin pääset eroon riippuvuudestasi.

Tästä syystä suosittelen jokaista miettimään elämänsä muuttamista kysymällä seitsemän vaiheen miksi-kysymystä. Kerrot, mitä haluat tehdä ja kun sinulla on vastaus siihen, kysyt jälleen itseltäsi miksi. Ajattele kuin kysyjä olisi pikkumuksu. Miksi, miksi, miksi, miksi, miksi, ja kun ensimmäisen kerran tein tämän, raivostuin itselleni. MITÄ HELVETTIÄ TARKOITAT MIKSI? JUST SIKSI! NYT TURPA KII.

Mutta sinun 'miksi' on tärkeä. Sanokaamme, että lääkärisi kertoo sinulle, ellet lopeta tupakointia, sinulla on elinaikaa vain kuukausi. Sanoisin, että tämä on äärimmäisen riittävä 'miksi' lopettaa tupakointi. Emme koskaan halua kuulla toiselta henkilöltä totuutta epäonnistumisestamme tai sitä, että elämme väärin. Ymmärrän tämän täysin, koska koko elämäni ajan minulle on kerrottu, kuinka minun tulisi elää elämääni enkä ole kuunnellut, koska tiesin paremmin.

Ennen kuin löysin suuren miksi-kysymykseni elin
maassa, jossa kysyttiin miksi ei. Miksi ei lopettaa?
Koska asia oli minulla hallussa. Koska voin lopettaa
milloin tahansa itse haluan. Katsos,
päihderiippuvainen on hyvin taitava valehtelija. Ja
henkilö, jolle valehtelen eniten, on minä itse.

Päihderiippuvaisilla on ällistyttävä tekniikka ja me
olemme niin taitavia valehtelemisen lajissa itsellemme
ja muille. Meidän täytyy valehdella itsellemme, koska
suojelemme itseämme tuskalliselta totuudelta. Meillä
on vakava ongelma eikä meillä ole hajuakaan, miten
hitossa pääsisimme eroon siitä. Suuriman osa
valheista kerromme itsellemme ja lista on
VALTAVA, annas kun kerron sinulle.

Yleisin väite on "Minulla ei ole
päihderiippuvuusongelmaa" tai "Voin lopettaa
milloin vain haluan." Saatoin hokea näin koko
päivän, mutta ymmärrät pointin. Minulla on tunne,

että olet joko sanonut samat lauseet itsellesi tai tunnet jonkun, joka on näin sanonut. Sinun on ymmärrettävä, että puhuminen alkoholistin kanssa hänen ongelmastaan ei ole koskaan helppoa. Toisinaan se voi tuntua hyödyttömältä. Ratkaiseva tosiseikka on, että hänen täytyy itse haluta muutosta.

Luku 2:

En voi pakottaa sinua muuttumaan

Sinä et voi pakottaa ketään muuttumaan, moni on yrittänyt ja moni on epäonnistunut. Osa toipumisprosessiani oli se, että minun täytyi palata elämässäni taaksepäin ja katsoa mistä tietyt itsetuhokäyttäytymiset olivat saaneet alkunsa.

Minun piti miettiä tarkasti, miten olin kytketty, miksi olin tällainen. Kuinka toimin tässä maailmassa ja kuinka ympäristö, kasvatus sekä tapani prosessoida kaikkea ympärilläni vaikutti valintoihini. En syytä asioita, jotka tapahtuivat. Otan täyden vastuun, sillä valinnat olivat omiani. Mutta nyt voin nähdä miten hahmotin maailmaa jopa lapsuudessa, josta myöhemmin esiin tullut riippuvuuteni on saanut alkunsa.

Kun olin nuori lapsi, oli minun oltava kuten isosiskoni ja -veljeni. Joinakin päivinä ihmettelin, miksi hitossa olin edes syntynyt, koska vanhemmillani oli täydellinen kahden lapsen, tyttö–poika, perhe. Mitä minä teen täällä? Minun piti seurata siskoni ja veljeni jalanjäljissä. He olivat menossa oikeaa polkua ja vanhempani halusivat, että minä seuraisin heitä. Mutta anteeksi vain, minulla oli muita suunnitelmia.

Jos aiot pakottaa minut tekemään jotakin, teen sen, mutta pidän huolen, että se oli huonoin päätös, jonka koskaan teit. Taistelisin kaikkea ja mitä tahansa vastaan mitä pyytäisit minua tekemään. Olin tappelija koulussa, joka ikinen päivä jouduin nyrkkitappeluun. Minulle oli tuoli varattuna rehtorin kansliassa, tein siihen jopa kaiverruksia.

Eikä tässä kaikki, varastin pornolehtiä lähikaupasta ja

myin ne luokkakavereille ja opettajille. Kyllä vain, jopa opettajille. Ei ole yllätys, että poliisi nappasi minut. He veivät minut rehtorin kansliaan, jossa vastasin näsäviisaasti poliisin kysymykseen.

Olin pikkurikollinen ja typerys. Muistan kuinka poliisi jossakin kohtaa hermostui minuun ja sanoi: "Kuules, mukula, sinä otat minua päähän. Jos jatkat näin, laitamme sinut käsirautoihin ja viemme sinut nuorisokotiin." Olin epäystävällisellä ja vihaisella tuulella ja sanoin hänelle "Tee se! Luuletko, että välitän. En ole ollut nuorisokodissa aiemmin, ja se vasta olisikin kokemus minulle. Mutta ensiksi sinun on kysyttävä isältäni".

Käyttäydyin huonosti, koska halusin huomiota, käydä valtataistelua, minulla oli huono itsetunto, persoonallisuushäiriöitä, lista jatkuu loputtomiin. Ainoa tapa, jolla sain haluamaani huomiota, oli käyttäytyä huonosti ja saada negatiivista huomiota. Kun käyttäydyin huonosti, minulla oli valta päättää mitä tapahtuisi tässä tilanteessa ilman, että tajusin seurauksia. ADD- tai ADHD-oireideni takia en pystynyt kohtaamaan ja purkamaan jännittyneitä tilanteita selväjärkisenä, rauhallisena ja positiivisena. Tunsin jatkuvasti olevani päässäni myllertävän kaaoksen vallassa.

Olin 11-vuotias ja puhuin poliisille kuin tietäisin kaiken lakipykälistä. Ainoa asia, jonka tiesin, oli se, että ilman suostumusta he eivät voisi viedä minua. Onnekseni he päättivät soittaa isälleni. Vai pitäisikö minun sanoa, ei ollut onneni, kun isä tuli koululle. Ehkä minun olisi pitänyt ottaa riski ja mennä nuorisovankilaan sen sijaan, että lähdin isäni kanssa. En voinut istua viikkoon tuon ihastuttavan tapaamisen poliisin, rehtorin ja isäni kanssa. Älä käsitä minua väärin, ansaitsin kaiken sen rangaistuksen, jonka sain, mutta pointti oli se, että aloin nauttia siitä.

Tiedän syvällä sydämessäni, että vanhempani tekivät parhaansa minun vuokseni. He eivät voineet kuvitella, että kaikki päättyisi minun tavallani. He ajattelivat vain "Hei, tämä tapa toimi muiden muksujen kanssa, joten sen pitäisi toimia hänenkin kohdallaan". No, he olivat väärässä. Kun pakotat jonkun nurkkaan, hän joko 1) käärii hihat ja tekee kaiken mitä pyydetään tai 2) alkaa tapella. Tappelin joka ikinen päivä, kunnes siskoni ja naapurin tyttö lukitsivat minut ulos lasipatiolle. Pinnani oli katkeamispisteessä ja sanoin heille, että heillä on kolme sekuntia aikaa avata lasiovi.

Menetin lapsena usein malttini, mutta tällä kertaa aioin lyödä nyrkillä suoraan lasin. He eivät uskoneet minua, siispä löin nyrkkini lasiruudusta läpi. Jäi kahden senttimetrin päähän suonesta, etten olisi vuotanut kuiviin. Minä tarvitsin kuusi tikkiä, ja lasiovi oli sirpaleina. Tiesin, että näin tapahtuisi, koska tapani oli toimia ensin, ja ajatella vasta sen jälkeen. Siskoni ja naapurin tyttö eivät tämän jälkeen koskaan enää kyseenalaistaneet tätä.

Ihmisillä ei useinkaan ole pienintäkään aavistusta niistä piilevistä voimista, jotka ohjaavat henkilön käyttäytymistä. Minun piilevä voimani oli "ÄLÄ YRITÄ PAKOTTAA MINUA TEKEMÄÄN JOTAKIN MITÄ EN HALUA TEHDÄ". Halusin vain olla minä, ja tästä alkoivat kontrolloimisen paineet.

Tämä saattaa kuulostaa siltä, etten pidä siitä, kun minulle sanotaan, mitä minun tulee tehdä. Jokaisen lapsenhan täytyy kestää sanomista siitä, mitä tulee tehdä. Miksi tämä häiritsi minua niin paljon?

Kun joka hetki elämässäsi joku kertoo sinulle, kuinka sinun tulee olla, esiintyä, puhua ja käyttäytyä. Joka hetki kuulin "Älä koske siihen", "Tee näin", "Miksi sinä et kuuntele?", "Miksi et voi ymmärtää tätä?" Mieleni oli täydessä kaaoksessa taistellessani identiteettini löytämiseksi, keskittyäkseni ja vain täynnä raivoa, koska en kyennyt selittämään tai näyttämään miltä minusta tuntui. Ainoa asia, jonka osasin tehdä, oli käyttäytyä huonosti ja tuhota asioita. Halusin vain kyetä kontrolloimaan jotakin elämässäni.

Kun tein näin jatkuvasti yhä uudelleen ja uudelleen, siitä tuli lopulta tapa.

Minulta kesti kauan estää tämän kaavan toistaminen. Huomaan edelleen aika ajoin sen nousevan esiin, mutta nyt pystyn siirtämään sen sivuun. Halusin ainoastaan, että joku kysyisi minulta: "Miten voin auttaa?"

Minulla diagnosoitiin ADD 1980-luvulla, jolloin takatukkia ymmärrettiin paremmin kuin tätä diagnoosia. ADD:n kanssa oli niin vaikea elää, koska mieleni ei ollut koskaan rauhassa. Ei koskaan rauhassa. Vaikeaa ja turhauttavaa on se, etteivät muut näe sisälleni eivätkä voi ymmärtää miten rankkaa minulle oli vain jatkaa eteenpäin Halusin kokea täydellistä onnea. Minun oli opittava tuottamaan itselleni hyvää oloa, koska muut eivät voineet sitä minulle antaa.

Tätä yritän nyt tehdä joka päivä omien lasteni kanssa.

Tiedän, että he haluavat huomiota ja he tekevät usein mitä tahansa saadakseen sitä. Jopa keskimmäinen lapseni tekee parhaansa saadakseen huomioni tekemällä negatiivisia asioita, mikä järkyttää minua, koska näen hänessä itseni. Minulta tuli melkein paskat housuihin, kun ajattelin, että olin opettanut tyttärilleni juomisen, huumehöyryisen eläimenkaltaisen elämän, jota elin. Olin opettanut näyttämällä mallia, miten toimitaan ensin ja sitten vasta ajatellaan. Mutta uskon, että ei ole koskaan liian myöhäistä muuttaa elämäänsä. Hitto, olen siitä elävä todiste. Ja koskaan ei ole liian myöhäistä tulla siksi vanhemmaksi, joka haluaa olla.

Katsos useimmat meistä pelkäävät epäonnistumista, kun taas toiset pelkäävät tuntematonta, muutamat pitävät kiinni rutiineistaan eivätkä halua muutosta elämään. Minä pelkään tuntematonta ja olen huolissani siitä minkälaista elämää tyttäreni tulevat viettämään. Toivunko tarpeeksi nopeasti, jotta he näkevät edessä olevan paremman elämän vai valitsevatko he pahan, halpamaisen, juopottelevan, huumehöyryisen, negatiivisen elämäntavan?

Vain aika sen näyttää, mutta en voi stressata itseäni loppuun asioilla, joita en voi hallita. Ainoa asia, jota voin hallita juuri nyt, on tarpeeni olla heille olemassa. Minun tulee osoittaa heille sanoin ja teoin, että tämä positiivinen elämä on tuhat kertaa parempaa, ja iskä rakastaa heitä enemmän kuin mitään muuta tässä maailmassa.

Minun täytyy saada heidät vakuuttuneeksi siitä, että tapahtuipa mitä tahansa, he voivat aina luottaa siihen, että olen heitä varten. Muutaman kerran tyttäreni on sanonut minulle: "Iskä, sä et enää rakasta mua, koska teen niin tyhmiä juttuja." Lähes joka kerta hänen näin sanoessaan olen kertonut hänelle, että "maailmassa ei ole mitään mitä voisit tehdä, että lakkaisin rakastamasta sua." Olen ajatellut tätä lausetta monta kertaa ja käyttänyt sitä useissa käsikirjoituksissa.

Tulos on aina ollut sama. Syy miksi lapsemme

käyttäytyvät huonosti tai tekevät jotain tavanomaisuudesta poikkeavaa on se, että lapsi ei ole saanut huomiota aikuiselta. Lapsilla ei ole kykyä tai kopiointimekanismia käsitellä tällaisia tilanteita, joihin he joutuvat.

Vanhempina emme pysty tekemään 100 %:sti kaikkea oikein. Meidän täytyy päättää mikä merkitsee eniten ja keskittyä siihen ja antaa kaiken muun "mitä jos" mennä. Niinpä minä keskityn nyt hetkessä olemiseen osoittamalla lapsilleni, että he selviävät rankoista asioista, joita elämä heittää heidän eteensä. Ei sen tähden mitä sanon vaan sen tähden, mitä itse tein. Älä unohda, että opetamme suurimman osan asioista omalla esimerkillämme. Pääsemällä irti päihderiippuvuudestasi on huikea esimerkki vahvuudesta, jonka voit lapsillesi näyttää.

Toisinaan on vaikea saada lapsemme uskomaan, kun omakin usko itseen on koetuksella. Joidenkin ihmisten on uskottava itseensä uudelleen. On rankkaa ajatella kaikkea sitä sontaa, mitä minulla oli päivittäin tapana

sanoa itselleni, kun yritin muuttaa suuntaa. Mieleni
oli valmis ja valmistautunut tuhoamaan ajatukseni
heti.

Yritin pudottaa painoa ja välittömästi kuulin, että
"Mitä luulet olevasi tekemässä?", "Et pysty tähän,
rakastat ruokaa aivan liikaa". Ollakseni rehellinen
sinulle nauran, kun kirjoitan tätä. Tämä naurattaa
minua, koska tämä oli se mielenlaatu, jonka olin
luonut.

Tämä naurattaa, koska todella uskoin tuohon
sepustukseen, jonka olin kehittänyt. Ja vaikka nyt voin
nauraa asialle, silloin se ei ollut ollenkaan huvittavaa.
Ääni päässäni oli ilkeä. Sen tarkoitus oli kaataa minut
pohjalle. Nyt voin nauraa sille vain siksi, että opin
estämään sen vaikutusvallan. Ja niin pystyt sinäkin.

Usko minua, kun olet alkanut kulkea polkujasi, on
työlästä muuttaa noita polkuja. Sinun täytyy
ymmärtää, että se mitä tein 35 vuoden ajan ei muutu
vain sanomalla "Aion muuttua!". Se ei tapahdu niin,

että menen illalla nukkumaan, seuraavana aamuna herään ja simsalabim. Olen muuttunut ihminen.

Olen pahoillani, että se ei toimi näin. Kun käyt läpi muutosprosessia, moni asia tulee olemaan erilainen ja moni asia hämmentää sinua. Jotkin ihmiset pitävät jääräpäisesti kiinni omista mielipiteistään ja vastustavat vahvasti, toiset jatkavat hiljaa tai vaikenevat kokonaan. Minusta tuli VIHAINEN. Olenpa varma, ettet yllättynyt. Olin vihainen koko muutosprosessille.

Olin vihainen itselleni siksi, että olin päätynyt tähän vaiheeseen. Olin vihainen kaikesta, mutta palaan tähän myöhemmin. Ajattelin ja toivoin koko ajan, että yksi malli sopii koko muutosprosessiin eikä se olisi liian rankkaa. En joutunut pohjalle yhdellä loikalla ja niinpä tajusin, että ryömiminen pois pohjamudista ei myöskään tapahtuisi yhdellä harppauksella. On rankkaa tietää, että tulee olemaan vaikeaa. Mutta tietoisuus tästä antaa myös voimia tehdä se. Sinä pystyt siihen.

Luku 3:

Yksi tapa sopii kaikille? Anteeksi vaan, ei onnistu

Yhteiskunnassamme tehdään kovasti töitä sen eteen, että vältetään tuskaa – vältetään rankempaa tietä. Me haluamme asiat nopeasti. Me haluamme ne nyt. Me emme ryntää PÄIN tulta, me juoksemme sitä pakoon. Mutta tulipalo voi joskus palvella jotakin tarkoitusta elämässäsi. Mitä tarkoitan tällä? Tarkoitan sitä, kun astut ulos mukavuusalueeltasi ja teet jotakin mikä pelottaa sinua, se auttaa sinua vahvistumaan.

Yksi tärkeä asia, joka sinun on ymmärrettävä, on se,

että yksi polku ei sovi kaikille. Se ei ole mahdollista. Maailmassa on monia erilaisia persoonallisuuksia ja yritys luoda yksi ainoa polku, joka sopisi kaikille, on mahdoton. On eri näkökantoja, joita itsekukin voi noudattaa. Yksi voisi olla: päästä irti katumisesta.

Ei ole mitään järkeä rypeä katumuksessa, me kaikki kadumme jotakin, mutta nuo katumiset eivät auta sinua juuri nyt. Syyllistin jatkuvasti jokaista lähelläni olevaa sanomalla, että oli heidän syytään se, että päädyin tähän. Tiedän nyt, ettei se ollut totta, mutta tiesin, että en pystynyt hoitamaan omia tilanteitani. Pyysin apua, mutta kukaan ei tiennyt jokaisen ajattelevan, että vain käyttäydyin huonosti. Tämän takia minun piti jättää katumus taakse elämässäni. Jos sinä et tee tätä, se luultavasti estää sinua siirtymästä eteenpäin muutosprosessissasi. Joten anna noiden katumusten jäädä sinne, minne ne kuuluvat – menneeseen.

On ainakin yksi asia, jonka jokainen henkilö voisi tehdä, eli tehdä jotakin, mikä pelottaa sinua. Se voi olla mitä tahansa. Jos pelkäät korkeita paikkoja, mene lähiseutusi korkeimman rakennuksen katolle ja kurkista reunan yli. Kun teet jotakin, joka pelottaa sinua tai jota vihaat, ajattelutapasi ja perusarvosi alkavat muuttua. Todistat itsellesi jotakin mitä luulit, ettet pystyisi tekemään. Teet pelosta valheen.

Minkä tahansa tekeminen elämässä voi pelottaa sinua ja saatat vihata sitä, mutta juuri siksi, kun jokin pelottaa sinua tai vihaat sen tekemistä, se ei tarkoita sitä, etteikö sinun pitäisi tehdä se. Tunnen suuren joukon ihmisiä, jotka inhoavat sängystä nousemista ja haluaisivat jäädä vuoteeseen koko päiväksi, mutta meidän kaikkien täytyy nousta ylös, vaikka vihaisimme sitä! Jotta voimme elää, on meidän myös noustava pystyyn elämässämme.

Niinpä jos opit kohtaamaan sen mitä pelkäät, sinusta tulee pitelemätön. Et pelkää tai vihaa montaakaan asiaa. Itse asiassa saatat kysyä itseltäsi: ”Olkoon, annan tälle mahdollisuuden, mutta miten hitossa tiedän, mikä sopii persoonallisuuteeni ja kuinka tuuppaan itseni pois mukavuusalueeltani liioittelematta?"

Kun sanon liioittelematta, tarkoitan tekemällä liikaa, kaiken yhdellä kertaa. Pienet askeleet ja kärsivällisyys ovat tärkeimmät ajatukset, joiden tulisi säilyä mielessäsi. Jos yrität liian rajusti muuttaa kaiken kerralla, manaat vain katastrofia.

No kuinka sitten saavutan tämän? Tähän on yksinkertainen vastaus: löydä tarkoitus siihen, mitä yrität tehdä. Tarkoitan tällä sitä, jos yrität muuttua ilman miksi-kysymystä, sinulla ei ole todellista syytä muutoksen tekemiseen. Kysymyksen "miksi" täytyy olla tarpeeksi suuri "miksi", jotta ylipäänsä aloitat.

Usko minua, kun sanon, että tästä sukeutuu elinikäinen keskustelu itsesi kanssa. Tiedätkö kuinka monta kertaa ajatus alkoholin juomisesta tupsahtaa päähäni? Onko sinulla aavistustakaan, kuinka paljon haluaisin vetää maria tai tupakoida kesällä, kun joku kävelee ohitseni tupakoiden? Osaatko aavistaa, kuinka montaa kertaa päivässä sanon itselleni MIKSI?

Nuo muistot ovat yhä päässäsi ja ne tulevat olemaan siellä, kunnes pääset niistä täysin eroon tai lakkaat kiinnittämästä niihin huomiota. Minulla ei ole aavistustakaan, kuinka kauan se tulee kestämään, kuten sanoin aiemmin, jokaisella yksilöllä on erilainen polku läpi toipumisprosessin.

Ainoa asia, josta olen varma on, kun kohtaat pelkosi ja kirjoitat muistiin ongelmasi, joita elämässä tulee vastaan, alat nähdä asiat, jotka tekevät sinut onnettomaksi.

Tiedät mitä sinun tarvitsee tehdä ongelman korjaamiseksi. On esimerkiksi vaikea korjata jääkaappi, jos ei tiedä mistä aloittaa. Vasta kun olet löytänyt vian, voit alkaa toimenpiteet sen korjaamiseksi.

Sinun kanssasi on samoin, niin pian kuin tunnistat

asiat, jotka saavat sinut onnettomaksi, voit alkaa korjausprosessin. Siispä kohtaa pelkosi. Myöskään jos yksi tapa ei toimi, älä heitä pyyhettä sanoen: "Tämä on paskaa, luovutan!" Ei! Käännä kielteinen myönteiseksi ja sano, että tiedän, minua varten on muutosprosessi. Löydän sen ja kun olen löytänyt sen, se tuottaa minulle yksinomaan iloa ja onnea.

Elokuvat saavat meidät luulemaan, että voitto saavutetaan yhdellä päätöksellä muuttua ja sen jälkeen eletään onnellisena aina elämän loppuun saakka. Mutta voitto on se, kun joka ikinen päivä taistelet ja teet paremman valinnan. Ja se muuttuu helpommaksi. Ja se on niin sen arvoista, kun elät kohti päämäärääsi "miksi".

Eläessämme käytämme usein sanaa "pitäisi" aseena itsemme lyömiseksi. Minun pitäisi olla parempi ihminen, minun pitäisi olla fiksumpi, minun pitäisi olla onnellisempi, LOPETA TÄMÄ.

Aina kun kuulet sanan "pitäisi" tupsahtavan päähäsi,

lopeta ja muuta tämä pitäisi-lause sellaiseksi, joka palvelee sinua paremmin. Esimerkiksi aina kun kuulen sanovani "Minun pitäisi olla hauskempi iskä" lopetan ja sanon, "olen hauska iskä, koska näytän lapseni elämässä ehdottomasti parhaan version itsestäni. Olen hauska iskä, koska me teemme yhä hauskoja juttuja yhdessä. Olen hauska iskä, koska valintani on olla hauska iskä. Enkä tarvitse siihen alkoholia. Ja SE on hauskaa."

Ensimmäinen asia, jonka tajusin olevan todella tärkeä, oli "aarrekartan" tekeminen, haa, nyt näen, että hymyilet. Mikä hitto on aarrekartta?

Se on minkä ajattelet sen olevan. Kirjoita muistiin kaikki suurimmat unelmasi, seikkailusi ja tavoitteesi muistilapuille. Laita ne sellaisiin paikkoihin niin, että näet ne joka ikinen päivä. Nämä ovat unelmia, jotka haluat todeksi ja saavuttaa elämäsi aikana. Jos tavoite on pysyä raittiina, niin kirjoita muistilapulle: olen tänään raitis ja teen niin päivä kerrallaan.

Joillekin teistä ajatus unelmasta ei ole tuttu. Olet toiminut niin pitkään eloonjäämistilassa, vain selviten siitä, mitä elämä on heittänyt eteesi. Unelmoiminen ei koskaan ollut vaihtoehto, vähemmän todellisuutta. Ehkä ajattelet, että unelmia ei ole tarkoitettu sinun kaltaisillesi ihmisille. Että et ansaitse niitä. Ehkä et edes tiedä mitä voisit pyytää. Et ole yksin. Unelmoiminen on jotakin, johon haluan sinun tottuvan. Haluan sinun sanovan itsellesi, että sinulla on lupa parempaan elämään. Sinulla on lupa toivoa jotakin hyvää. Ei ole vääriä vastauksia niin kauan kuin unelmasi vievät sinut parempaan paikkaan.

Aseta tavoitteet, ja kun teet näin, varmista, että olet tarkka. Älä sano, aion olla raitis jonain päivänä. Ei, aion olla raitis päivä kerrallaan. Tällä viikolla en juo. Ole tarkka, mitä yksityiskohtaisempi olet sitä parempi lopputulos tulee olemaan. Ja muista, yksikään tavoite tai unelma ei ole typerä, hölmö tai saavuttamaton. Kaikki ja mikä tahansa on saavutettavissa, mutta sinun täytyy olla realistinen sen suhteen, miten kauan se kestää. Et voi olla epärealistinen sen suhteen, miten saavutat päämääräsi.

Kun esimerkiksi kirjoitat muistiin 'aion pudottaa painoa 20 kg'. Et voi heti ensimmäisen treenijakson jälkeen olettaa, kun nouset vaa'alle, TADAA, että olet 20 kg kevyempi.

Ole realisti, please. Ja tässä me juhlimme jokaista voittoa, ei väliä kuinka pieneltä se ehkä sinusta näyttää. Pienistä voitoista kasvaa suuria saavutuksia!

Kenenkään ei myöskään pidä nähdä muistilappujasi. Ole varuillasi, jos sinusta tuntuu, että joku sanoo negatiivisia asioita unelmastasi tai päämäärästäsi. Usko minua, IHMISET YRITTÄVÄT PYSÄYTTÄÄ SINUT. Niinpä jos pelkäät, ei sinun tarvitse kertoa sitä kenellekään. Lähetä minulle sähköpostia ja kerro minulle päämääräsi ja unelmasi. Olisin enemmän kuin iloinen saadessani lukea ne.

Syy miksi muut ihmiset saattavat käyttäytyä negatiivisesti elämänmuutokseesi, on se, kun muutat elämäsi parempaan, he saattavat tuntea tarvetta muuttaa itseänsä. Mikä ei ole ollenkaan helppo tehtävä, kuten huomaat! Heidän mielestään on ehkä helpompi estää sinua tekemästä muutoksia elämässäsi kuin heidän muuttaa omia elämiään.

Pahin skenaario olisi, että he paheksuvat sinua, kun jätät heidät taaksesi. Oletko koskaan kuullut kenenkään sanovan sinulle, että "olet muuttunut." Mutta ei ole sinun tehtäväsi tehdä muut ihmiset onnellisiksi tai huolehtia mitä muut ihmiset ajattelevat. Sinun täytyy keskittyä vain yhteen henkilöön tässä kohtaa ja tuo henkilö olet SINÄ!
Koko muodonmuutokseni ajan mieleni halusi temppuilla kanssani. Ainoa ajatus, joka kulki pääni läpi joka päivä oli "Mitä on normaali elämä?", "Minulla ei ole aavistustakaan mitä aion tehdä nyt". Ihmetteletkö mitä aiot tehdä, kun kaaos loppuu ja tulee hiljaista? Jep. Minä myös.

Olen nyt 41-vuotias.
Olen varma, että
perheeni on ylpeä.

Luku 4:

Aiotko ikävystyttää minut kuoliaaksi?

Yksi rankimmista kysymyksistä toipumiseni alkaessa oli "Mitä helvettiä olen nyt tekemässä?!" Minulla oli ihan liikaa aikaa käytössäni, kun olin lopettanut ulkona käymisen ja aamutunneille juhlimisen. Oli tarpeeksi rankkaa lopettaa juominen ja vielä rankempaa keksiä, mitä tehdä itseni kanssa nyt, kun en juonut.

Vuosia pystyin työskentelemään päivisin 7,5 tuntia, menemään kotiin, hoitamaan lapsia siihen saakka, kunnes vaimo tuli kotiin. Sitten lähdin kotoa kello 17 ja tulin takaisin kello 1–2 yöllä ja 4–5 tunnin unien jälkeen suuntasin töihin. Aloin olla melko taitava tässä normaalissa rutiinissa.

Kun tulin kotiin kuntoutuksesta oltuani 30 päivää raittiina, tuntui kummalliselta olla kotona. Kun lapset menivät nukkumaan ja koko talo oli hiljainen, en ymmärtänyt sitä tunnetta. Kaiken lisäksi vaimoni katsoi *Kauniita ja rohkeita*, niinpä ajattelin itsekseni "Mitä helvetin paskaa tämä on?", "Ai, onko tämä sitä mitä normaalit ihmiset tekevät?"

Kuvittele, tulet kotiin mahtavan illan jälkeen, ilta täynnä naurua vieraitten kanssa ja tyhmiä juttuja tehtyäsi, tulet kotiin ja istut vessassa, sitten sekopää mieleni käskee etsimään turvavyötä. NYT istun sohvalla katsomassa *Kauniita ja rohkeita* vaimoni kanssa. Olin valmis hyppäämään ikkunasta. Ei tämä ole hyökkäys kaikkia teitä saippuaoopperoiden katsojia kohtaan, tämä vaan ei ollut juttuni. Olin valmiiksi tylsistynyt, ja jatko-osan tarinoita oli todella pitkitetty. Taylorilta kestäisi kolme päivää kertoa

Ridgelle, että hän on raskaana serkkunsa veljelle ja se tapahtui, kun Ridge oli auto-onnettomuuden seurauksena koomassa ja muistinsa menettäneenä, jolloin hänen identiteettinsä varastettiin.

Ei tullut kuulonkaan, että alkaisin elää siten, että viihdykkeeni olisi TV. Tajusin niinä hetkinä, kun istuin sohvalla, että en tiennyt kuinka tuli OLLA ilman kaaosta – ilman meteliä – ilman oman elämän tuhoamista. Oli liian hiljaista. Luulin, että olin vain ikävystynyt. Mutta ehkä se oli sitä, että en todellakaan tiennyt, miten elää ilman päihtymystä, joka kantaisi minut läpi hetken. Eikö tämä ole se mitä me kaikki yritämme ymmärtää? Kuinka elää ilman päihtymystä, vaikka olemme niin vakuuttuneita, että tarvitsemme sitä? Ja muuten, suurin osa meistä metsästää jonkin sortin hyvänolontunnetta. Minulle se oli huumaavien aineiden väärinkäyttö.

Ensimmäisen kuukauden kotona taistelin hullun lailla. Taistelin masennusta vastaan, mielialan vaihteluita vastaan enkä välittänyt tästä elämästä tipan vertaa. Mutta sitten muistin kuinka valehtelin perheelleni, jotta voin mennä ulos ja juoda itseni räkäkänniin. Muistan, kun join kylpyhuoneessa lasteni ollessa viereisessä huoneessa. Muistan itkeneeni silmät päästäni Miriamille hänen autossaan melkein joka toinen ilta. Muistan, kun purin koiranpennun tassua, koska se puri minua ensin. Muistan, kun makasin sairaalan sängyssä ajatellen, onko tämä tätä.

Mietin itsekseni "Haluanko sellaista elämää jälleen?", "Haluanko taas sairaalaan, mutta tällä kertaa niin, että lapseni olisivat sänkyni vieressä hyvästelemässä minut?", koska sinne olin suuntaamassa.

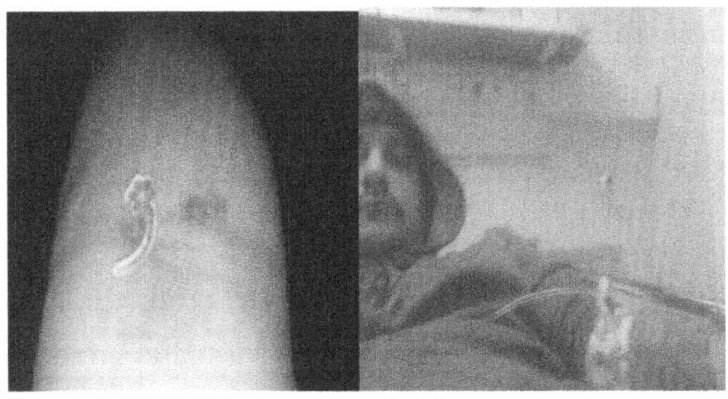

En pysynyt laskuissa mukana, kuinka monta kertaa pyörryin, koska verenpaineeni nousi niin korkealle, että en enää hallinnut kroppaani. Niin, miksi helvetissä valittaisin elämäni tylsyyttä, kun minun pitäisi olla kiitollinen. Kun olet pitkään elänyt päihderiippuvaista elämää ja se on ainoa elämäntapa, josta tiedät, käsitätkö, kuinka vaikeaa on sen muuttaminen? Normaali tehtävä, jota pidämme itsestään selvänä, on opeteltava uudelleen.

Muistan yhä kuinka pitkä matka oli vieroitushoitoon. Seitsemän tuntia. En edes muista viimeisintä kertaa selvänä junassa näin pitkää matkaa. Jotta asiat olisivat olleet yhä pahemmin, minua vastapäätä istui tyyppi, joka avasi repustaan kaivamansa oluttölkin. Minun piti istua siinä ja katsoa ja hokea itselleni, parempi elämä, parempi elämä. Minun piti pitää kiinni isommasta miksi-kysymyksestä – mitä halusin enemmän kuin toista drinkkiä.

Pitkään aikaan en voinut mennä ulos ystävien kanssa, koska pelkäsin niin paljon, etten voisi vastustaa kiusausta. Olin järjiltäni pelosta, että ratkeaisin massiiviseen ryyppyputkeen. Olin sosiaalinen juoppo, tein kaiken kodin ulkopuolella, ok, jopa kodissani oli jollakin tapaa siihen liittyvää juomista tai tupakointia. Jos en voinut mennä ulos, kännäsin kotona ja tekstailin tai soitin ihmisille taikka puhuin kärpäselle tai mehiläiselle, joka oli löytänyt tiensä kotiimme.

Saatoin pyöräillä lähikauppaan ostamaan olutta, jotta pääsin juttelemaan kassahenkilön kanssa ja koska ajoin pyörällä, saatoin samalla juoda.

Ruohonleikkuun jälkeen palkitsin itseni oluella ja marisätkällä. Sytytin tulet takkaan, otin viskipaukun ja marisätkän rentoutuakseni kovan päivän jälkeen. Kaiken mitä voit kuvitella liitin jonkin päihteen käyttöön. Nyt sanot minulle, että tämä kaikki pitää lopettaa.

Yksi vaikeimmista asioista tämän toipumisprosessin aikana ymmärtää oli se, että elämme yhteiskunnassa, jossa ihmiset kummeksuvat haluasi muuttaa elämäsi ja päästä eroon riippuvuudesta, joka voi olla sokeri, kahvi, alkoholi, huumeet, pillerit, ruoka, mitä tahansa.

Muistan yhä, kun kerroin ensimmäiseksi ystävilleni, etten enää aio juoda. He olivat shokissa. Totaalisessa shokissa. Ihan kuin olisin kertonut heille, etten aio enää koskaan pitää housuja kodin ulkopuolella. Ensinnäkään he eivät voineet kuvitella maailmaa ilman alkoholia. Ja he eivät voineet kuvitella elävänsä maailmassa, jossa ei ole alkoholia. Ja he eivät takuulla voineet kuvitella minun tekevän niin. Ja yhtäkkiä he kokivat olevansa uhattuina ajatuksesta, että heitäkin pyydettäisiin lopettamaan alkoholin käyttö tyyliin "seura tekee kaltaisekseen".

Luulenpa, että ystäväni olivat peloissaan myös siksi, että minä en enää olisi se sama villi ja hullu tyyppi, josta he kaikki pitivät. Että muuttuisin vakavaksi tai jotakin sellaista. Ja saatoin ymmärtää sen, en minäkään ollut varma, pitäisinkö siitä tyypistä!

Kun kotiuduin vieroitushoidosta, ensimmäinen asia, jonka useimmat ystävistäni sanoivat minulle oli, että "mennään juhlimaan, kamu." Vastasin: "Sopii, mä otan kokista ja katson, kun te muut kännäätte." "Et voi olla tosissasi?", kuului vastaus. Se oli henkinen tilanne.

Kukaan läheisistäni ei ymmärtänyt asian koko vakavuutta. Jos maistaisin siemauksenkin olutta, olisin kohta täysillä kännäämässä. Ihmiset ovat jopa katsoneet suoraan silmiini ja kysyneet: "Siis et aio koskaan enää juoda?" No juu, näin sanon, suurin osa ihmisistä ei ymmärrä kuinka tämä sairaus toimii.

He luulevat, että jos en kuukauteen käytä mitään päihteitä, olen kunnossa ja parantunut sairaudesta. Se ei toimi tällä tavoin. Ystäväni eivät käsittäneet, että drinkki minulle tarkoitti jotakin aivan muuta kuin drinkki heille.

Jos otan yhdenkin drinkin, yhdetkin savut, yhdenkin bongin, palaan nuolemaan purukumia pöytien pohjalta saadakseni ihmiset nauramaan. Kumoaisin kurkkuuni pöydille jätetyt oluttuopit tupakantumppeineen, koska en huomaisi niitä ja koska tarvitsisin drinkin. Niinpä omaksi parhaakseni en aikoisi edes tunnustella tilannetta.

Asia on aluksi samankaltainen kenen tahansa kanssa, joka lopettaa tupakoinnin tai yrittää pudottaa painoaan. Hän aloittaa sanomalla: "Otan vain yhden blossin" tai "Vain yksi pala suklaata" ja sitten henkoset onkin koko tupakka ja suklaata hujahtaa kokonainen rivi. Sitten siitä tulee viisi tupakkaa tai viisi riviä suklaata. Ja edelleen tupakka-aski päivässä ja jopa enemmän.

Jopa vaimoni sanoivat minulle:" Pliis, voitko alkaa juoda, koska olet niin paljon iloisempi, kun juot." Kun kuulin tämän, se särki sydämeni, koska heillä ei ollut aavistustakaan siitä taistosta ja kamppailusta, jota kävin tätä sairautta vastaan. On niin helppo pudota kyydistä ja ajautua vanhaan elämään, johon olin tottunut. Aioin osoittaa heille, että tämä muutos on paras vaihtoehto minulle, vai oliko se?

On hämmästyttävää kuinka yksi asia, jota kehomme tarvitsee, on muutos, mutta mielemme yrittää kaikkensa koko voimallaan estää meitä tekemästä sitä.

Luku 5:

Muutos on kokonaisvaltainen prosessi

On hämmästyttävää, jos haluat muuttaa elämäsi, sinun täytyy ensin muuttaa ajattelutapasi. Me kaikki tiedämme miten elää henkisesti, fyysisesti ja hengellisesti tervettä elämää, mutta mielemme estää meitä tekemästä niin. Miksi näin? Se on oikeasti helppoa. Sekä positiivisuus että negatiivisuus ovat valintoja, joita teemme. Voisimme valita ja nähdä joka tilanteen synkästä näkökulmasta. Se ei tee meille kuitenkaan hyvää. Ajattele sen sijaan asian valoisaa puolta. Etsi hopeareunusta aina, kun voit.

Meidät on ohjelmoitu jo hyvin nuoresta pitäen perheen, ympäristön ja kaikkien niiden toimesta, joiden kanssa olemme olleet tekemisissä. Mieliimme on iän kaiken iskostettu tietoa, useimmiten negatiivisia ajatuksia ja tunteita. Kuinka elää tietynlaista elämää tai käyttäytyä tietyllä tavalla. Minkälaista ruokaa syömme, minkälaisia toiveita ja unelmia meillä on. Eli jos haluat muuttaa elämäsi, on sinun muutettava mielesi ohjelmointi.

Lapsuuskodissani oli normaalia, että isä teki itse kotiviiniä. Kun olin kuusivuotias, minut pantiin puutynnyriin, joka oli täynnä punaisia viinirypäleitä. Tehtäväni oli murskata rypäleet niin, että niistä irtoava neste täyttäisi tynnyrin pohjalla olevat tyhjät viinipullot. No mitäpä luulet, oliko tämä normaalia elämää kuusivuotiaalle? Käsittikö isäni, että minulle kehittyisi alkoholiriippuvuus tästä?

Joka kerta, kun joku perustaa perheen, minkä arvelet olevan useimmiten sanottu lause? "Aion varmistaa, että lapsillani tulee olemaan parempi elämä kuin itselläni!" Kuinka hän ajattelee voivansa saavuttaa tämän? Työskentelemällä perse ruvella, jotta voi ostaa kaiken sen hyödyttömän roinan, jonka luulee lastensa haluavan ja tarvitsevan? Kun aloin saada yliotteen riippuvuudestani, oli minun tutkittava huolella, mitä on addiktio. Käsitin kuinka monella meistä niitä on. Jopa lapsillani. Jos luulet, että lapsillamme ei ole riippuvuutta, yritä ottaa heiltä pois iPad, älypuhelin tai estä heitä pelaamasta videopelejä. Sanonpahan vaan. Yhteiskunnallamme on ehdottomasti addiktio sähköisiin laitteisiin.

Joka aamu herätessämme teemme samat rutiinit. Nousemme ylös ja valitamme. Saatat sanoa, että "elämäni on syvältä!" ensimmäisenä asiana aamulla. Tai olet niin väsynyt, juot kofeiiniannoksesi (mikä ei ole sinulle hyväksi heti), sitten tsekkaat puhelimen ja TV:stä uutiset.

Miksi luulet, että sinun pitää tehdä näin? Tarvitsemmeko todella kaiken tämän ensimmäiseksi aamulla? Olen melko varma, että sinulla on tarpeeksi aikaa tehdä tämä kaikki päivän aikana.

Jos sanoisin sinulle, mitäpä jos tekisit jotakin erilailla, jotakin täysin erilaista, mitä sanoisit? Olen huomannut, jos aamun ensimmäinen tekoni on meditoiminen, jumppaaminen, terveellisen smoothien valmistaminen eli jonkin tekeminen tai antoisan oppiminen, minulla on todella paljon energiaa, iloisia fiiliksiä ja olen valmis murskaamaan päivän. Älä nyt ymmärrä minua väärin, en yritä saarnata yleisölle, joka ei kuuntele, mutta niin yksinkertaista kuin sinun oli luoda nuo pahat tavat, yhtä helppoa on luoda uudet paremmat tavat. Se tekee sinusta paremman ihmisen, se saa sinut tuntemaan olosi paremmaksi, se antaa sinulle uuden syyn nousta aamuisin.

Positiivinen ajattelu vähentää stressiä, jota koet elämässä. Voi olla aivan liian helppoa antaa negatiivisten ajatusten hiipiä mieleesi. Jos sinulla on esimerkiksi vaikea tehtävä tehtävänäsi, jota et ole koskaan aiemmin yrittänyt tehdä, on niin helppo pelätä. Monet ihmiset kavahtavat heti ajattelemaan: "En ole koskaan tehnyt tätä, niinpä voin epäonnistua". Käännä se sen sijaan päälaelleen. Katso sen hyviä puolia. Yritä ajatella: "Otan tämän mahdollisuutena oppia uusi taito." Jos voit tehdä mahdollisesti stressaavasta tilanteesta positiivisen, se hyödyttää sinun henkistä terveyttäsi.

On myös tärkeää arvostaa niitä asioita, joita sinulla on. Oletpa missä tahansa tilanteessa elämäsi aikana, aina on jotakin mistä voi olla kiitollinen. Monet meistä pitävät asioita ja ihmisiä elämässään luonnollisesti itsestään selvyyksinä. Mutta kun teemme näin, päädymme aina haluamaan enemmän. Etsimme jotakin uutta koko ajan. Yritä löytää aikaa pohtia asioita, joita sinulla on. Tunne kiitollisuutta jopa pienimmistäkin asioista. Tämä auttaa sinua tuntemaan itsesi onnelliseksi nyt.

Ensimmäinen kuukausi kotona vieroitushoidon jälkeen, kuten sanoin, oli rankin kuukausi, jonka koskaan olen käynyt läpi. Minun täytyi ohjelmoida itseni uudelleen, mutta minulla ei ollut aavistustakaan, miten hitossa sen tekisin ja mistä penteleestä aloittaisin. Masennuin, koska olin lomalla työstäni, en tiedä, oliko se hyvä vai huono juttu. Minulla oli vain aikaa kulutettavana. Tylsyys oli minun kuolemani. Ensimmäisen kuukauden jälkeen katsoin itseäni jälleen peilistä ja sanoin itselleni: "NYT RIITTÄÄ, EN JAKSA TÄTÄ PASKA ENÄÄ"

Päivinä, jolloin join ja poltin, ei tarvittu muuta suunnitelmaa kuin se, että saisin itselleni hyvänolontunteen ja jotakin spontaania tapahtuisi.

Tätä ei tapahtunut, kun olin raitis, eikä minulla ollut aavistustakaan mitä minun oletettiin tekevän. Jos voin pudottaa naamioni, pelkäsin tuntematonta. Rehellisesti sanoen minulla ei ollut aavistustakaan, kuinka selviäisin päivästäni raittiina. Minun piti löytää tapa korvata se hyvänolontunne minkä tunsin käyttäessäni huumeita ja alkoholia. Jokaisena ohi kuluvana päivänä kaivauduin yhä syvemmälle masennukseen.

Päätin aloittaa painon pudottamisella ja yrittää saada itseni näyttämään paremmalta sekä kasvattaa itseluottamusta. Aloitin tämän prosessin kolmen päivän paastolla. Olen ehkä maininnut aiemmin, että menen äärimmäisyyksiin ja halusin testata itseäni ja katsoa, miten tämä toimi. Tutkin hieman aihetta ja löysin Cole Robertson -nimisen henkilön YouTube kanavan.

Hän oli intensiivinen eikä pidätellyt, sillä heti videon alkaessa ensimmäisenä asiana hän huusi sinulle: "HEI LÄSKI!" Sitten muutama sata v-sanaa alkoi lennellä vasemmalle, oikealle ja keskelle. Ihmettelin: "Kuka hitto tää tyyppi on?" Minulla kesti aluksi vähän aikaa päästä yli kiroilun, mutta kun aloin kuunnella mitä hän sanoi, ajattelin: "Mitä minulla on tässä menetettävää, paitsi painoa." Tein kaiken täysillä ja aloitin 3-päiväisen paaston.

Seuraavan kolmen päivän ajan en syönyt mitään. Join elektrolyyttivettä, joka koostui merisuolasta, Himalajan vuorisuolasta ja ruokasoodasta 1,5 litran vesipullosta. Vastuuvapauslauseke varoituksena. "Älä kokeile tätä kotona ellet ole konsultoinut paikallista huumevälittäjää, lääkäriäsi." Tämä oli yksi monista suosikkilauseista, jotka Cole sanoi: "ÄLÄ OIKEASTI KOKEILE TÄTÄ KOTONA, en ole terveydenalan ammattilainen."

Elin näin seuraavat kolme päivää, tuota juomaa join aamupalaksi, lounaaksi ja illalliseksi. Ensimmäinen päivä oli hullu ja minulla oli muutama päänsärky, mutta se johtui muutamasta seikasta. Ensinnäkään en juonut nestettä tarpeeksi ja lisäksi minulla oli sokerin ja kahvin vieroitusoireita.

Oli kulunut vasta yksi päivä ja olin jo oppimassa jotakin itsestäni. Oli ällistyttävää huomata, kuinka jäätävät päänsäryt sain kofeiinin ja sokerin riippuvuudesta. Kaikki ne moskat, joita tungin kehooni, alkoivat näyttää minulle merkkejä mitä tapahtuisi, jos lakkaisin saamasta niitä. Tämä oli kuin ne kammottavat krapulat, joita tapasin saada.

Erona se, että aloin saada näitä "riippuvuuskrapuloita" päivisin, en seuraavana aamuna. Ensimmäisen päivän jälkeen opin myös, että söin aina, kun minulla ei ollut mitään tekemistä. En siis ollut nälkäinen, mutta aiemmin milloin tahansa, kun ikävystyin, söin, jotta minulla olisi jotain tekemistä. Paastoaminen sai minut tiedostamaan tämän pahan tavan, jonka olin kehittänyt itselleni. Se on tavallaan saman kaltainen tapa, kun leffaa katsoessasi sinun pitää syödä popcorneja, siis toinen paha tapa.

Paaston toisena aamuna tunsin oloni loistavaksi, tarkoitan, että kehossani ei ollut ollut pizzaa, hampurilaista, ranskalaisia tai pussillisia nachoja nujerrettavana yön aikana. Olin nukkunut rauhallisesti ja miellyttävästi, olin niin iloinen, että en kuollut, lisäksi minulla oli valtavasti energiaa. Opin jotakin todella tärkeää…. opin…. että ruoka oli vain yksi addiktio ja tekemällä pieniä muutoksia päivittäisiin rutiineihini se toisi minut hieman lähemmäksi saada lisää energiaa ja onnellisuutta.

Seuraavana päivänä menin yhä pidemmälle itseni ja kehoni testaamisessa. Aloitin kuivan paaston, joka tarkoittaa sitä, että ei syödä mitään eikä juoda mitään. Mielipuolista, eikö, tiedän, mutta kuivapaastosin koko päivän ajan. Arvaa mitä? En kuollut siihenkään.

Ymmärsin kuivan paaston aikana, että se on hieman erilainen kokemus. En koskaan aiemmin elämässäni ajatellut, että olisin syömättä ja juomatta kokonaisen päivän. En edes tiennyt, että se olisi mahdollista. Nautin kokemuksesta ja se oli opettavainen kokemus. Sain sen avulla pudotettua painoani paljon, mutta en suosittelisi tekemään sitä pitkään.

Kuiva paasto on yksi nopeimmista tavoista pudottaa painoa. Ainoa haittapuoli on, jos alat seuraavana päivänä juoda, painosi nousee entiselleen.

Voin sanoa sinulle, kun paastosin kolme päivää, painoni putosi älyttömän määrän. Päivinä, jolloin aloin taas syödä, tuntui kuin vatsani olisi kutistunut kokonaan. En edes käsittänyt kuinka nopeasti vatsalaukku voi kutistua. Jatkoin tätä prosessia. Jatkoin tätä siten, että paastosin kolme päivää ja sitten söin jotakin 15 minuutin ajan.

Mitä ikinä söinkin, sitten palasin uuteen kolmen päivän paastoon.

Jatkoin toistamalla elektrolyyttivesipaasto, sitten kuiva paasto ja lopuksi elektrolyyttivesipaasto. Tätä kesti 60 päivää!! Painoni putosi 22 kg!!!

Onpa mieletön painonpudotus niin lyhyessä ajassa. En voinut uskoa tuloksia, mutta minulla oli läjäpäin massaa, jota pudottaa.

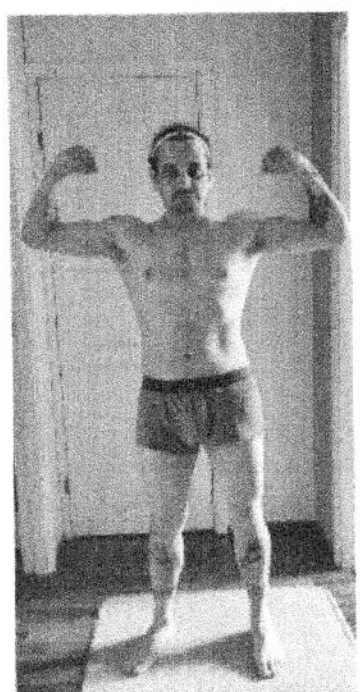

Tämä on se mitä tein ja miten tein sen. En vain pudottanut painoani, vaan tein muutoksen ja opin paljon itsestäni.

Aloin ymmärtää sisäistä minääni paljon paremmin. Aloin käsittää, milloin olin nälkäinen ja milloin minun piti tehdä jotain, koska olin ikävystynyt. Aloin käsittää kuinka paljon energisempi ja keskittyneempi olin, kun minun ei tarvinnut ajatella ruokaa tai syödä niin, että napa naukuu.

Pystyin myös treenaamaan tämän kaiken päälle. Jos nyt voit kuvitella, että olin paastonnut kolme päivää. Testasin itseäni jopa niin, että kerran jatkoin paastoamista kokonaisen viikon. Seitsemän päivää ilman mitään ruokaa. Se oli pitkä prosessi, mutta se oli hämmästyttävää. Selvisin koko viikon syömättä ja olin niin ylilatautunut.

Kehoni korjasi itseään, kehoni oli saamassa takaisin sen vanhan itsensä. Sen ei tarvinnut huolestua tai stressaantua mistään. Sen tarvitsi ajatella ainoastaan, milloin saisi lisää elektrolyyttistä vettä. Vastuuvapauslauseke hälytys: "En ole terveydenalan ammattilainen. ÄLÄ OIKEASTI KOKEILE TÄTÄ KOTONA." En neuvoisi ketään tekemään näin.

Se että kehoni käy läpi jotakin tällaista, oli minulle silmiä avaavaa ja todella uskon, että se oli paras asia minulle. Jotta pääsin tähän, minun oli pidettävä itseni kiireisenä. Tein asioita ympäri taloa, kuten kunnostin pihaa ja hoidin puutarhaa. Rakensin joitakin juttuja talon ympärille, kuten etu- ja takaterassit. Pidin itseni

kiireisenä niin, etten voinut ajatella ruokaa. En voinut
ajatella olevani nälkäinen.

Aloin jopa käydä kävelylenkeillä. Kävelin kaksi
tuntia, josta sain 10000 askelta. Tämä auttoi minua
myös pudottamaan painoa sekä pääsemään jälleen
yhteyteen luonnon kanssa. Ulos meneminen ja
asioiden tekeminen oli yksittäinen paras asia minulle.
En edes muista, milloin viimeksi lähdin ulos kahden
tunnin kävelylle.

Kävely on suurenmoinen tapa nauttia fyysisestä
aktiivisuudesta, mutta sinulle voi tapahtua joitakin
kummia asioita kävellessäsi. Kaksituntisen
kävelylenkkini aikana halusin määrätä vauhdin siten,
että voisin tosiasiassa kävellä täydet kaksi tuntia ja silti
kyetä liikkumaan seuraavana päivänä. Puolivälissä
kävelylenkkiä sormeni turposivat nakkimakkaroiksi,
jalkani paisuivat yhtä kokoa suuremmiksi ja aloin
saada hiertymiä epämiellyttäviin paikkoihin.

Mutta en välittänyt, vaikka jalkojeni välissä alkoi poltella, aioin selviytyä ensimmäisestä kahden tunnin kävelystäni. Kaikki sujui hienosti, kunnes juuri ennen kotiani sain juoksijan ripulin. Periaatteessa harjoitukseen liittyvä, juoksijoilla yleinen ripuli voi tulla myös muunlaisen harjoituksen yhteydessä, erityisesti rankan tai pitkäkestoisen treenin yhteydessä. Tästä kertoi Wendy Bumgardner artikkelissaan Verywellfit: Exercise-Related Diarrhea.[1]

Kun tämä tapahtui, en ollut koskaan juossut niin nopeasti päästäkseni kotiin sisälle. En ottanut edes kenkiä jaloista ja kiskoin jo housuja alas ulko-ovella. Säästän sinut yksityiskohdilta, mutta peffani räjähti, pelästytin lapseni, mutta olin helpottunut, että tämä tapahtui vessassa. Sitten takareisilihakseni venähti. Tämän ihastuttavan kokemuksen jälkeen aloin harjoittaa meditoimista, ja toivoin, että en saisi juoksijan ripulia sen session aikana. Kuten sanoin

---

aioin kokcilla mitä tahansa ja kaikkca saadakscni elämäni järjestykscen.

Jotkut ihmisct ovat suuria mcditoinnin kannattajia ja joillckin ei voi cdcs puhua siitä. Mutta sinun on hyvä tictää, että on olemassa monia crilaisia mcditointitapoja ja chkä jokin niistä sopii sinullckin.

Voit mcditoida kävcllcssäsi. Sinun tulcc vain kcskittyä askcliisi ja hcngittämisccn. Tämä oli minullc paras meditointitapa ja näin pystyin mcditoimaan, koska minulla on ADHD, enkä kykcnc olcmaan yhdcssä paikassa pitkään.

Ensimmäisellä kerralla, jolloin yritin meditoida, makasin sclälläni. Ohjaaja vidcolla kertoi minullc, että tekisin hengitysharjoituksia enkä miettisi. Makasin sclälläni minuutin tai kaksi, sittcn jalkani alkoivat täristä. Tämä tapahtuu aina, kun yritän olla paikoillani pitkään.

Minulle tulee levoton ja epämukava olo, lihaksiani alkaa särkeä. Jalkani muuttuvat levottomiksi. Lihakseni muuttuivat levottomiksi ja siksi makaaminen paikallaan ei ollut minun juttuni. Siispä olin iloinen, kun tajusin, että oli myös olemassa kävelymeditointia.

Kun olet tehnyt yhden pienen muutoksen, se innostaa sinua tekemään seuraavan. Jokainen pieni voitto, jonka sain, innosti minua jatkamaan.

Voit pitää itsepintaisesti kiinni vaikeasta tehtävästä, esimerkiksi itse en koskaan kuvitellut, että päätyisin ikinä kirjoittamaan kirjan. En tiedä, miten kirja kirjoitetaan. En koskaan kuvitellut, että minulla olisi mitään sanottavaa, joka pitäisi kirjoittaa kirjaksi. On ällistyttävää, miten monta asiaa voit saavuttaa, jos muutat uskon omaan itseesi. Niin pitkään ajattelin, että alkoholin, ruohon tai pillereiden käyttö tehosti itseluottamustani, itsetuntoani ja muutti minut ihmiseksii, jonka kuvittelin, että minun pitäisi olla — kuinka väärässä olinkaan.

Minun piti lopettaa se kaikki ja todella muuttaa tapaani ajatella, ohjelmoida uudelleen mitä minulla oli päässäni ja alkaa uskoa, että voin tehdä tämän kaiken ilman päihteitä.

Tarkoitan, että voit saavuttaa kaiken minkä haluat. Kuinka moni teistä esimerkiksi voisi kuvitella aloittavansa kolmen päivän paaston nyt heti paikalla? Suurin osa ihmisistä ei harkitsisi tämän hulluuden kokeilemista. He olettavat, että "hyvät hyssykät, miten hitossa voin selviytyä kolme päivää ilman ruokaa?"

No, ollakseni sinulle rehellinen tämä johtuu ajatuksistasi, et voi mitenkään tietää millainen tuo tilanne on, joten mielesi yrittää välittömästi estää sinua. Mitä tarkoitan tällä? Tarkoitan, että et ole koskaan kuullut tai nähnyt kenenkään läheisesi saavuttavan tätä.

Kun olet päihderiippuvainen, joka yrittää lopettaa käytön, tuntuu kuin kohtaisit JÄTTIMÄISEN vuoren

ja näyttäisi siltä, että EI OLE MITÄÄN KEINOA
päästä sen yli. Ajattelet, että et ole tarpeeksi vahva.
Ajattelet, kuinka kauan se kestää. Osa aivoistasi (se
osa, joka yrittää masentaa sinua koko elämäsi ajan)
sanoo sinulle, että et voi tehdä sitä. Vaadin sinua
olemaan kuuntelematta tuota ääntä. Ja haluan
osoittaa, että olet vahvempi kuin käsitätkään.

Uskon, että olet elämäsi aikana luultavasti käynyt läpi
erilaisen haasteen, jossa vuori oli yhtä suuri, mutta se
vain näytti erilaiselta. Ja selvisit siitä. Uskon myös, että
jos haluat, että se on tarpeeksi paha, senkin saat
tapahtumaan. Ongelma on itsesi kouluttaminen
haluamaan se niin pahaksi. Luulen, että sitä pohjalle
joutuminen tarkoittaa niin monille meistä – se syvä
tumma paikka, johon putoamme ja jossa tiedämme,
että se on – se on määräävä hetki – jolloin tiedämme,
että meidän on paras kääntää laiva ympäri tai se
tappaa meidät.

Ja kummallista kyllä surkeimmasta hetkestä tulee
kaunis hetki, johon katsomme aina takaisin ja

näemme sen rohkeuden ja voiman, joiden avulla nousimme jälleen ylös. Sen tunnustaminen, että omat valintamme veivät meidät siihen, on vaikeaa. Mutta se on se sama tietoisuus, joka tunnustaa, että meillä on voimaa päästä sieltä myös pois.

Olin siinä pisteessä. Olin pisteessä, jossa mikä tahansa oli mahdollista, en voinut vajota enää alemmaksi kuin tämä ja jos se tappaisi minut, niin olkoon niin. Olin sellaisessa masennuksen tilassa, että mikään ei merkinnyt minulle enää mitään. Ei ollut väliä eläisinkö vai kuolisinko, sillä minulla ei ollut aavistustakaan, kuinka ihmeessä selviäisin eteenpäin.

Kuinka voit siirtyä elämässäsi eteenpäin, jos sinulla ei ole aavistustakaan, miten se tapahtuu? Minulla ei ollut mitään tietoa, mitä minun oletettiin tekevän. Suurimman osan matkaa läpi elämäni olen ollut kännissä tai pilvessä. Tämä oli minulle yksi rankimmista asioista tapojeni muuttamisessa. Syy tälle oli se, että minulla ei ollut aavistustakaan, mitä olin tekemässä.

Kaikki oli minulle upouutta, kaikki oli kokemista ensimmäistä kertaa. Aloin pelata tällä peliä, esimerkiksi matkustaessani bussilla ensimmäistä kertaa selvänä ansaitsin täydet 10 pistettä.

Vakavasti ottaen minun piti tehdä jotakin, jotta en pelkäisi kotoa lähtemistä. Me kaikki rakastamme pelejä ja minun piti keksiä tapa nauttia tästä muutosprosessista. Se ei ollut helppoa, sillä jopa äänet ja hajut laukaisivat minussa halun saada drinkki.

Kun olin hoitanut puutarhan tai istunut ulkona vahtimassa nuotiopaikkaa, palkitsin itseni oluella tai viskikolalla. Nyt palkitsin itseni kokiksella tai vedellä. Se ei ole sama asia, mutta olin aloittamassa uutta ohjelmaa. Aiemmin, kun milloin tahansa tein näitä asioita, sain oluen tai viskin. Ei väliä mitä on kädessäsi tai mitä juot. On kyse hyvänolon tunteesta, kun olet saavuttanut jotain.

Mutta vähitellen mieleni ja rutiinini alkoivat muuttua. Ollakseni rehellinen, tietysti jotkut tilanteet ovat yhä vaikeita ja niiden muuttuminen kestää paljon kauemmin. Kesällä esimerkiksi ystäväni ja minä juoksimme ympäri rantaa pelaten rantapalloa ja nauttien auringosta, tauoilla jokainen otti oluen. Minä kaivoin esiin vesipulloni.

Se ei ole sama asia ja tiedän, ettei auta, kun kaverini sanovat: "Tule nyt ottamaan olutta." "Sori kamut, en voi", vastaan. "Ei yksi olut sinua tapa!" he jatkavat. "Itse asiassa, tappaisi", sanon. "Ää jäbä, oli niin paljon helpompaa, kun olit juoppo", sanoivat he vielä. Asiasta tekee vielä rankemman se, kun kaverit eivät tiedä oikeaa tapaa tukea sinua.

Ajattelemme usein, että tälle vuorelle täytyy kiivetä yksin. Mutta ei meidän täydy. Tosiasiassa ne ihmiset, jotka valitsen auttamaan vuorelle kiipeämisessä, ovat äärimmäisen tärkeitä siinä, saavutanko huipun. Ja huomaatko, sanoin ihmiset, jotka sinä VALITSET.

Elämäni muuttamisen lisäksi vieroitushoito, johon osallistuin, sisälsi 11 kuukauden jatkoajan tapaamisineen. Jokainen hoitoon osallistunut osallistui jatkotapaamisiin. Tämä oli järjestetty eri kaupunkeihin. Kaikki potilaat samasta kaupungista tulivat yhdessä ja kävivät yhä ryhmäkeskustelua. Formaatti oli sama kuin hoitolaitoksessa.

Pisimmällä toipumisprosessissa oleva henkilö

oli vastuussa koko asiasta. Tällä tavoin voitiin keskustella aiheista, joita sinulla oli meneillään, kuulla muiden kokemuksia tosi elämässä eli ulkomaailmassa ja saada tukea.

Minusta oli hyvä asia, kun sain purettua turhautumiseni ulos ja kohdata ongelmat, joita olin käsittelemässä. Annoin tulla ulos kaiken, joka myllersi sisälläni ja tietysti nämä ihmiset tiesivät, miltä minusta tuntui. Minulle oli tärkeää olla sellaisten ihmisten ympäröimänä, jotka olivat kulkeneet samankaltaisen matkan kuin minä. Ei, se ei ollut sama tie, mutta me ymmärsimme toisiamme. Ja me emme tuominneet. Meillä oli myötätuntoa. Ja me kaikki koimme turvallisiksi puhua siitä ihmisille, jotka käsittivät sen. Pidä huoli, että löydät oman joukkosi.

Silloin tällöin näissä tapaamisissa sait kuulla kamalia uutisia, joku oli sortunut takaisin päihteisiin. Minulla on toisessa kaupungissa muutama ystävä, jotka sortuivat, ja se tuhosi päiväni. Sitten eräänä päivänä muutama ryhmän jäsenistä sortui. Jos tämä ei ollut tarpeeksi paha, niin kaksi vanhempaa ryhmän jäsentä lopetti 11 kuukauden jatkoajan kuluttua. He eivät enää jatkaneet, mikä tarkoitti, että minä olin ainoa jäljellä oleva jäsen. Mikä paine! Kirjaimellisesti olin viimeinen mies pystyssä.

Minulla ei ollut enää ketään. Vain minä kaupungissa, jossa olin. Olisin voinut pakata kamppeeni heti paikalla, mutta halusin hoitaa loppuun sen minkä olin aloittanut. Katsoin kuinka pitkälle olin päässyt, enkä halunnut palata taaksepäin. Olin päättänyt voittaa. Tai ainakin hoitaa loppuun. Hoin vain itselleni, jos luovutat nyt, palaat takaisin siihen vanhaan elämääsi.

Olen päässyt näin pitkälle ja tämä täytyy lopettaa, en anna sen päättyä.

Soitin hoitolaitokseen ja kysyin mitä minun pitäisi nyt tehdä. He sanoivat, että voisin liittyä skype-yhteydellä toisen kaupungin ryhmään. Minulla oli kaksi ystävää, jotka kävivät kuntoutushoidossa samaan aikaan kuin minä ja liityin ryhmään, jossa he olivat mukana. Tuntui hieman oudolta mennä mukaan uuteen ryhmään ja aloittaa kaikki jälleen uudelleen. Se oli minulle hieman helpompaa ja näin myös, miten he toimivat.

Kun yhdentoista kuukauden jatkoajan tapaamiseni olivat loppumaisillaan, minusta alkoi tuntua pahalta. Olin edennyt hullun lailla, mutta ihmiset, jotka olivat aloittaneet toipumismatkansa kanssani, olivat yhä jumissa. Oli vaikea kuulla heidän selityksiään, tai yrittää perustella, miksi heillä on ongelmia.

Muutamaan otteeseen halusin kirkua: "MIKÄ HITTO SUA VAIVAA! EI KENENKÄÄN TOISEN TARVITSE MUUTTUA VAAN SINUN,

SINUUUN." Mutta en halua olla niin aggressiivinen ja pilata heidän toipumistaan.

Olisin tehnyt vakavaa vahinkoa, jos olisin tehnyt näin heille, he olisivat sortuneet uudelleen ja menneet siltä istumalta juomaan. Tapaamisen jälkeen päädyin keskustelemaan heidän kanssaan yksityisesti, ja lopulta keskustelimme tuntikausia.

Aloin olla kykeneväinen kontrolloimaan itseäni ja he olivat niin onnellisia, kun kerroin tämän heille. He olivat jopa onnellisempia siitä, etten tehnyt tätä ryhmän edessä. Olin myös hyvin pettynyt siitä, että melko moni ystäväni ryhmässä oli sortunut takaisin entiseen elämään.

Miksi näin tapahtui? Kuinka ihmiset voivat pudota takaisin vanhaan elämään? Olin tyrmistynyt siitä, että he olivat ponnistelleet niin paljon eivätkä silti onnistuneet siinä. Silloin tajusin, että minun oli opittava kaikki minkä voin, niin että voisin auttaa ihmisiä.

Ensimmäiseksi aloin opiskella [2]Maslow'n teoriaa tarvehierarkiasta. Maslow uskoi tarpeiden hierarkian eli viiden inhimillisen tarpeen kategorian sanelevan yksilön käyttäytymistä. Nuo tarpeet ovat fysiologiset, turvallisuuteen liittyvät, rakkaus ja yhteenkuuluvuus, arvostukseen liittyvät tarpeet ja itsensä toteuttaminen. Niinpä esimerkiksi jotta voit siirtyä eteenpäin tarpeiden pyramidissa, on sinun saatava edellisen luokan tarpeet tyydytetyiksi.

Tämän jälkeen aloin opiskella hyvinvoinnin seitsemää ulottuvuutta ([3]Seven Dimensions of wellness). Tämä perustuu ajatukselle, että hyvinvointi on jatkuvan kasvun ja tasapainon täydellinen integraatio ja seuraus. Jokainen ulottuvuus myötävaikuttaa omaan hyvinvoinnin tuntemukseen tai elämänlaatuun, ja jokainen ulottuvuus vaikuttaa ja limittyy muihin. Toisinaan yksi ulottuvuus voi olla hallitsevampi kuin muut, mutta minkä tahansa muun ulottuvuuden pidempiaikaisella laiminlyönnillä on

---

[2] <u>Abraham Maslow</u> Maslow's hierarchy of needs
[3] <u>Seven Dimensions of Wellness</u>

haitallisia vaikutuksia kokonaisvaltaiseen terveyteen.

Hyvinvoinnin seitsemän ulottuvuutta ovat:

fyysinen, emotionaalinen, intellektuaalinen, sosiaalinen, hengellinen, ympäristöön liittyvä ja ammatillinen.

No niin, katsotaanpa tarkemmin mitä tapahtuu, kun jokin ulottuvuus jätetään huomiotta.

Ensimmäinen ulottuvuus on fyysinen. Fyysinen hyvinvointi viittaa laajaan valikoimaan hyviä tapoja. Tähän kuuluu: riittävä liikunta, hyvin ja terveellisesti syöminen sekä riskialttiiden käyttäytymismallien välttäminen, kuten huumeiden ja alkoholin väärinkäyttö. Tämä on juuri se mitä etsin. Tämä edellyttää sairauksien oireiden opiskelemista ja niiden tunnistamista, ja myös toistuvia lääketieteellisiä tarkastuksia. Suurimmalle osalle terveitä iäkkäämpiä aikuisia tämä on taistelua itsensä kanssa ja itsestä. Pitämällä itsesi turvassa vahingolta ja loukkaantumiselta.

Katsos, kun kehität tällaiset terveelliset tavat, se ei ainoastaan lisää elinvuosiasi, vaan se parantaa noiden vuosien nautinnollisuutta ja laatua. Aloin oppia harkitsemaan mitä teen tänään voidakseni elää huomenna elämää, jota haluan. Tänään esimerkiksi aion kävellä korttelin ympäri niin, että huomenna minulla on energiaa touhuta lastenlasteni kanssa.

Siispä mitä ehdotuksia olisi hyvän fyysisen hyvinvoinnin saavuttamiseksi? Siihen voisi sisältyä säännöllistä harjoittelua, liikuntaa, sopivaa rentoutumista ja kyky tunnistaa sairauden ensioireet. Ruoka-annosten koon kontrolloiminen ja terveellisen ruuan syöminen. Tupakoinnin lopettaminen, jos se ylipäänsä on mahdollista. Tämä on osoittautunut monille ihmisille vaikeaksi, minä mukaan lukien. En voinut lopettaa tupakointia edes silloin, kun sain pudotettua painoa ja lopetin juomisen sekä huumeiden käytön. Tarvitsin ainakin yhden huonon tavan tyydyttämään himojani. Pystyin lopettamaan tupakoinnin vasta, kun olin varma, että en sortuisi takaisin juomiseen ja huumeiden käyttöön. Joten pidä silmällä tätä yhtä.

Seuraava askel on emotionaalinen ulottuvuus ja tämä on joillekin vaativa, ja minä taistelin tämän kanssa. Minun täytyi mennä terapiaan, jotta löysin emotionaaliset tunteet. Minulla ei ollut aavistustakaan niistä, koska olin ohjelmoinut itseni tunteettomaksi. Emotionaalinen hyvinvointi on aaltomainen tila, joka vaihtelee kuuden muun ulottuvuuden välillä elämäsi aikana. Kun sinulla on kyky tuntea ja ilmaista inhimillisiä tunteita, olet emotionaalisesti hyvässä tilassa. Onnellisuus, suru ja raivo ovat esimerkkejä näistä tunteista. Se viittaa ihmisen kykyyn rakastaa ja tulla rakastetuksi, kuin myös kykyyn saavuttaa tunne elämän tarkoituksesta.

Optimismi, itsetunto, itsensä hyväksyminen ja kyky ilmaista tunteita ovat kaikki emotionaalisen hyvinvoinnin aspekteja. Minulla ei ollut käsitystä kuinka ilmaista suurinta osaa luettelemistani tunteista. Rakastaminen ja rakastettuna oleminen oli pitkään vaikea tehtävä. Tein kaiken itse ja varmistin, että minulla oli täydellinen kontrolli joka tilanteessa.

Samaa voi sanoa tunteesta löytää elämän tarkoitus. Ainoastaan silloin kun olin pilvessä, tunsin elämän tarkoituksen. Ainoastaan silloin tuntui emotionaalisesti hyvältä, kun en hallinnut sitä mitä sanoin tai tein.

Joitakin ehdotuksia henkiseen hyvinvointiin: kiinnitä huomio tunteisiisi ja ajatuksiisi, viljele positiivista ajattelutapaa sekä hae ja tarjoa apua. Opi hallitsemaan ajankäyttöäsi, kuinka käsitellä stressiä ja kuinka hyväksyä itsesi ja antaa itsellesi anteeksi. Onko sinulla taipumus olla aggressiivinen? Aggressiivinen käytös määritellään vahingolliseksi käyttäytymiseksi, joka ensisijaisesti johtuu turhautumisesta. Esimerkiksi pelissä häviäminen tekee minut ärtyisäksi. On myös mahdollista, että olet tukahduttanut joitakin tunteitasi.

Älyllinen ulottuvuus stimuloi aivotoimintoja ja tehostaa luovuutta. Tiesitkö, että mielesi, kuten kehosi, tarvitsee harjoitusta? On yhtä tärkeää ruokkia aivoja kuin tankata kehoa. Älyllisesti terveillä ihmisillä on aktiivinen mieli ja he oppivat koko ajan uusia asioita.

Älykäs ihminen käyttää hyväkseen käytettävissä olevia resursseja laajentaakseen omaa tietoisuuttaan ja kehittääkseen omia kykyjään. Hän seuraa ajankohtaisia tapahtumia ja sitoutuu henkisesti stimuloiviin toimintoihin. Esimerkkejä neuvoista ja ehdotuksista älyllisen hyvinvoinnin ylläpitämiseksi ovat esimerkiksi osallistuminen kursseille tai työpajoihin tai vieraiden kielten opiskelu. Etsi älyllisesti haastavia henkilöitä, lue ja opi arvostamaan taidetta. Joskus se voi olla niin yksinkertaista kuin sanaristikon tai sudokun täyttäminen.

Sosiaalinen hyvinvointi viittaa kykyymme olla menestyksekkäästi vuorovaikutuksessa globaalissa yhteisössämme. Täyttää rooliemme odotukset ja vaatimukset. Tämä tarkoittaa hyvien kommunikointitaitojen oppimista, läheisyyden luomista muiden kanssa tai tukiverkoston luomista ystävien ja perheenjäsenten kanssa. Minun tapauksessani tämä oli hankalaa, koska minun piti löytää ystäviä (taikka opettaa nykyisiä), jotka voisivat tukea minua matkallani. Tämä oli hankalaa erityisesti siksi, että oli niin vaikea hankkia sosiaalista elämää, joka ei sisältäisi minun vanhoja tapojani eikä näyttäisi samalta kuin ennen.

Muiden ja itsesi kunnioittaminen on sosiaalisen hyvinvoinnin määrite. Vaikuttaminen yhteisössäsi ja maailmassa antaa sinulle yhteenkuuluvuuden tunteen. On olemassa monia neuvoja ja ehdotuksia sosiaalisen hyvinvoinnin edistämiseksi. Kehitä terveitä yhteyksiä, ole mukana yhteisössäsi ja anna puolestasi vastinetta. Jaa kykysi ja taitosi sekä myös tunteesi, ajatuksesi ja ideasi.

Aluksi voi olla useista syistä vaikeaa ymmärtää esimerkiksi mitä muut mahdollisesti ajattelevat tai itse epäilee. Kautta toipumisprosessin huomasin, että muiden tukeminen auttoi minua itseäni. Kun pystyin keskittymään jonkun toisen toipumiseen, se käänsi huomioni pois omasta muutosprosessistani. Ja se antoi rohkeutta jatkaa eteenpäin.

Ympäristöön liittyvä hyvinvointi edellyttää tietoisuutta maapallon ennalta-arvaamattomuudesta kuin myös päivittäisten tapojesi vaikutuksesta fyysiseen ympäristöön. Se edellyttää sellaisen elämäntavan ylläpitämistä, joka edistää harmoniaa maapallon kanssa sekä minimoi ympäristöön kohdistuvat vahingot ja lisäksi sitouttaa sinut ympäristölle vastuullisiin tekoihin. Ympäristöön liittyvää hyvinvointia koskevia neuvoja ja ehdotuksia on iso valikoima saatavilla. Lopeta roskapostin lähettäminen ja auta ympäristöä säästämällä vettä sekä muita luonnonvaroja. Vähennä, käytä uudelleen ja kierrätä vähentääksesi kemiallista kuormitusta. Uudista yhteytesi planeettaan.

Ammatillinen hyvinvointi käsittää taitojesi ja kyvykkyytesi kehittämisen ja niiden antamisen hyvään käyttöön, jotta löydät elämällesi tarkoituksen, nautinnon ja rikkauden. Suhtautumisellasi työtäsi kohtaan on merkitys ammatillisen onnen ja hyvinvoinnin kehittymiselle.

Ammatillisesti hyvinvoiva on myös onnellinen. Lisäksi tunne merkityksellisyydestä ja mielihyvästä työssäsi tukee ammatillista hyvinvointia. Työhön sitoutuminen sekä kokonaisvaltainen terveys yhdessä tuovat mukanaan ammatillista hyvinvointia.

Lisäksi sitä edesauttaa iloinen ja tyydytystä tuottava kokonaisvaltainen elämäntyyli. Neuvoja ja ehdotuksia ammatilliseen hyvinvointiin on monia. Suunnittele tulevaa tutkimalla lukuisia vaihtoehtoisia työpaikkoja. Valitse ammatti, joka sopii persoonallisuuteesi, kiinnostuksen kohteisiisi ja taitoihisi. Ole halukas mukautumaan muuttuviin tilanteisiin ja kehitä uusia taitoja. Vaikka et voisi vaihtaa työtä onnellisuuden löytämiseksi, yoit valita ja löytää onnellisuutta nykyisessä työssäsi.

Henkinen hyvinvointi edellyttää, että sitoudut joukkoon opastavia ajatuksia ja arvoja. Vaihtoehtoisesti ne ovat arvoja, jotka auttavat yksilön elämän suunnan löytämiseksi. Omista vakaumuksista kiinni pitäminen vaatii paljon uskoa, toivoa ja omistautumista. Se antaa myös päämäärän ja merkityksen tunteen. On oltava halukas etsimään elämän tarkoitusta ja päämäärää. Kysymään kaikkea ja arvostamaan asioita, joita ei voi selittää tai ymmärtää.

Hengellisesti 'terve' yksilö etsii sopusointua. Tämän sopusoinnun saavat aikaan niin voimat sisälläsi kuin ulkopuoliset voimat. Tutki hengellistä ydintäsi, vietä aikaa yksin, meditoi, siinä joitakin hengellisen hyvinvoinnin neuvoja ja ehdotuksia. Ole aina utelias ja yritä olla läsnä kaikessa mitä teet. Kuuntele sydämelläsi ja elä arvojesi mukaan. Salli itsesi ja muiden ympärilläsi olla keitä he todella ovat. Näe ongelmat, joita elämä heittää eteesi, mahdollisuuksina kehittymiseen.

Puhuin aiemmin, miten minulla oli tapana käydä kahden tunnin kävelyillä. Mutta aiemmin selitin tuon harjoituksen huvittavan puolen. Nyt haluaisin kertoa, kuinka tärkeää se oli minulle henkisesti.

Sain kaiken valmiiksi edellisenä iltana kävelyä varten eli kenkäni, sukkani, hanskat, takin jne. En tiedä miksi minusta tuntui kuin olisin lähdössä taisteluun! Olin valmis ja aloin kävellä syrjäistä tietä pitkin. Ulkolämpötila näytti olevan alle -18 astetta.

Tunsin nenäkarvojeni jäätyvän ja silmäluomeni alkoivat hitaasti sulkeutua. Mutta nautin raikkaasta viileästä ilmasta. Olin sinä päivänä luultavasti ainoa, joka käveli tiellä siihen aikaan. Ajattelin, että oli liian aikaista, mutta joka tapauksessa nautin siitä!

Kurvasin asfalttitieltä polulle ja suuntasin metsäpolulle. Olin aivan ihastuksissani! Valtavat männyt ja kuuset molemmin puolin polkua. Kaikkialla oli niin rauhallista ja hiljaista lukuun ottamatta satunnaisesti kuuluvia pikkulintujen sirkuttavia ääniä. Polun toisella puolella linnut heräilivät ja alkoivat laulaa kauniisti. Toisella puolella oravat kaivelivat ruokaa sekä ajoivat toisiaan takaa puiden ympäri. Tässä kävelyharjoituksessa oli jotakin erilaista, ajattelin ottaa sen vähän rennosti ja olla kiirehtimättä kaikkea äärimmäisyyteen, joten minun oli pakko taistella sitä vastaan.

Aurinko siirtyi lähemmäksi horisonttia ja lämmitti ilmaa. Hengitin hieman nopeammin kuin normaalisti. Pysähdyin ja tuijotin ympäristöä. Kaunis näkymä vangitsi minut. Ensimmäistä kertaa elämässäni olin läsnä. Ensimmäistä kertaa elämässäni minulla ei ollut kiire tekemään jotakin, mieleni oli tyyni ja rauhassa, OLIN LÄSNÄ NYT, löysin uuden päihtymystilani.

Luku 6

Perhe, yhteisö ja vertaistuki

Kun lopulta olin saanut tarpeekseni elämästä, jota elin, ja hain apua, ajattelin että elämä alkaisi olla helpompaa. Alitajunnassani olin tulossa lähemmäksi sellaista maailmaa, johon en uskonut koskaan voivani kuulua. Muistan, kun hain apua, minut leimattiin välittömästi pahaksi kundiksi.

Lähipiirini ajatteli, että vitsailin. He eivät uskoneet hetkeäkään, että tarvitsisin vieroitushoitoa. He eivät osanneet ajatella, että minulla oli ongelma. Tämä oli myös pidettävä salassa joiltakin perheen jäseniltä.

Minun ei sallittu puhua "tilanteestani", mikä ei käynyt järkeeni. Näiden ihmisten tulisi olla läsnä minua varten, tapahtuipa mitä vain. No, tämä oli vaimoni suku ja he tekevät asioita hieman eri tavalla kuin mihin itse olen tottunut.

Kun kerroin ihmisille, että aioin mennä vieroitushoitoon, suurin osa heistä meni shokkiin. He sanoivat minulle asioita, kuten "Eihän sinulla ole ongelmaa, älä ole typerä" tai "Minun pitäisi mennä vieroitukseen sinun sijastasi!" Suurin osa ihmisistä ei käsitä, että päihderiippuvaiset ovat mestareita huijaamaan niin itseään kuin muitakin. Olin niin hyvä sairauteni piilottamisessa, että melkein kukaan sisäpiirissäni ei huomannut sitä. Tai jos huomasivat, oli normaalia, etteivät välittäneet.

Kuten sanoin aiemmin elämme yhteisössä, jossa on hyväksyttävää haista alkoholille tai olla juovuksissa. Niin kauan kuin et ole häiritsevä ja hoidat omat hommasi, kaikki on hyvin.

Vieroitushoito pelotti minua. Minun on myönnettävä, että minulla oli hermoja ja olin skeptinen koko prosessin suhteen. Mutta halusin epätoivoisesti tulla paremmaksi ja halusin muuttua. Ensimmäisen viikon aikana tutkin jokaista, katselin, kuuntelin ja opin.

Ensimmäisen viikon jälkeen tiesin tarkkaan, mitä minun piti tehdä toipuakseni ja olin valmis lähtemään. Yhden terapiaistunnon jälkeen vedin terapeutin sivuun ja selitin hänelle tilanteeni.

Sanoin hänelle: "Kuule, ennen, jos milloin tahansa jotakin hyvää tapahtui minulle, yleensä tuhosin sen, koska en ymmärtänyt onnellisuuden tunnetta." Sanoin myös: "Näin kaiken mitä tarvitsen toipuakseni, nyt voin mennä."

Kerroin hänelle, että mielialani ja asenteeni tulevat muuttumaan. Alan tulla kokouksiin myöhässä, ilmeilen, en välitä enää. Kaiken sabotoiminen on se mistä osaan kaiken. Alan ottaa niitä päähän ja minulle raivostutaan ja sitten minut potkaistaan ulos ohjelmasta.

Tällä tavoin minulla olisi oikeus sanoa, että he potkaisivat minut ulos, minä en keskeyttänyt. Tein kaiken mitä he halusivat minun tekevän, mutta en uskonut mitä he sanoivat. Minulla oli jo lähtösuunnitelma ja epäonnistumisen strategia siinä tapauksessa, että kaikki tämä menisi vituiksi. Tämä on päihderiippuvaisen kyky, olemme aina valmistautuneet joka tilanteeseen, olipa se mikä tahansa.

Mutta terapeutti oli ylpeä minusta ja onnellinen, että lähestyin häntä ja kerroin tämän hänelle. Vieroitushoidon aikana meidän piti tehdä sukupuu ja ympyröidä kaikki jäsenet, joilla oli päihdeongelma. Ensimmäistä kertaa elämässäni VOITIN JÄTTIPOTIN. Paperini oli kuin bingolappu tai väreillä täytetty joulukuusi. Meidän tuli käyttää punaista kynää päihteestä, vihreää henkilöistä, jotka olivat kuolleet päihteiden väärinkäytön takia. TÄYSOSUMA.

Lähes jokainen isäni puolelta piti ympyröidä. Isäni vanhimmalta veljeltä oli amputoitu molemmat jalat sekä yksi käsi. Lääkärit sanoivat hänelle, jos hän jatkaa, hän ei selviä. Hän poltti kaksi askia tupakkaa päivittäin ja joi kuin sieni kuolemaansa saakka.

Terapian ja hoitojaksojen aikana ymmärsin, että minulla ei ollut mitään saumaa tässä tilanteessa. Se oli dna:ssani, miksi minun? Ei aavistustakaan. Käännekohta minulle oli luultavasti se tosiasia, että minun ei annettu seurata omaa polkuani. Minun oli seurattava vanhemman siskoni ja veljeni jalanjäljissä. En ole varma olenko 100 %:sti tätä mieltä, mutta siinä on paljon järkeä.

Kun olin nuorempi, yritin kaikkea mahdollista kapinoidakseni perhettäni vastaan. Ei väliä mitä se oli, joka ikinen päivä nousin ja halusin tehdä kaiken eri tavalla kuin siskoni ja veljeni. Juoda, tupakoida, polttaa ruohoa, myydä sitä, ottaa tatuointeja ja lävistyksiä (nenärengas, nännilävistykset).

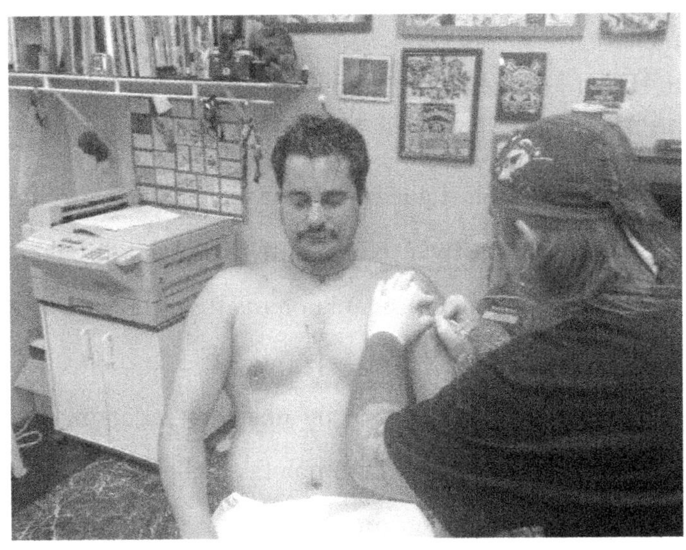

Ammuin kavereiden kanssa haulikolla. Osallistuimme kiihdytyskilpailuun, jossa melkein menetin henkeni kahdesti. Kun voitimme kisan ja kerättyämme voittorahat aioimme ajaa pois, he alkoivat ampua meitä kohti.

Seuraavassa hetkessä kuljettajamme menetti auton hallinnan. Hän alkoi huutaa: "En pysty pysähtymään, paska, jarrut eivät toimi." Me kaahasimme metsikköön ja rysähdimme päin puuta.

Hoitolaitoksessa meidän täytyi kirjoittaa elämämme tarina, meidän piti kertoa, millaista elämämme on ollut. Olin odottanut tätä päivää, olin niin valmistautunut siihen. Puhuin yli 8 tuntia ja tietysti meillä piti olla tupakkataukoja ja ruokataukoja. Mutta tämä oli todellakin ensimmäinen kerta, kun ikinä kerroin tarinani alusta loppuun. Se on niin pitkä, että olen aiemmin kertonut sen joillekin terapeuteille, mutta vain lyhyitä tarinoita sieltä täältä. Tämä oli ensimmäinen kerta ikinä, kun kerroin sen kokonaan.

Se olisi kestänyt pidempään, ja olin kirjoittanut pidemmän version, mutta terapeutti pysäytti minut. Hän pysäytti minut, koska tilanteet tarinassani seurasivat samanlaista kaavaa. Ajauduin samoihin tilanteisiin, mutta eri maissa. Samat asiat tapahtuivat yhä uudelleen: juhliminen, juominen, naisissa käyminen, tappeleminen, ruohon polttaminen. Niinpä, noiden osien yli voitiin hypätä.

Omasta mielestäni olin elänyt normaalia elämää, mutta tavalliselle ihmiselle elämä, jota vietin, oli shokeeraavaa. Jopa ihmiset ryhmässämme eivät voineet uskoa kaikkia tarinoitani. Se sai minut nauramaan, sillä ensimmäisen kerran mennessäni hoitoon ajattelin olevani piintynyt alkoholisti, sitten tapasin nämä ihmiset ja vertasin itseäni heihin, olin neitsyt!

Jotkin heidän tarinoistaan olivat minulle silmiä avaavia ja minä shokeerasin heitä omilla tarinoillani. Mutta minun normaalini oli jengit, alkoholi, huumeet, aseet ja väkivalta. Tuo oli minulle normaalia elämää ja nyt kun katson taaksepäin, se ei ollut normaalia elämää. En koskaan haluaisi lasteni kasvavan sen kaltaisessa ympäristössä.

Olen nähnyt puukotuksia, takaa-ajoja, aseella sotimista ja huumeiden yliannostuksia. Olen nähnyt ihmisiä ammuttavan ja jopa minun on pitänyt ampua. Olen ollut vankilassa, koska olin autossa pellejoukkion kanssa, joka kidnappasi nuoren lukiolaisen. Nämä tyypit päättivät mennä lukioon ja kidnapata nuoren, vetää häntä turpaan, ottaa rahat ja puhelimen ja heittää hänet autosta, kun nopeus olisi 60 km/h.

Kaikki tämä vain siksi, että tämä nuori oli heille velkaa 20 dollaria. Nyt tiedät mitä tarkoitan sanomalla "MINUN" normaali. Kuulostaako tämä sinusta normaalilta?

Suurin syy sille, että ilmoittauduin vieroitushoitoon, oli yksinkertainen. Halusin rikkoa noidankehän, joka oli pyörinyt perheeni historiassa niin monta vuotta. Olin hirviö, mutta tuo hirviö kasvoi äärimmäisen pahaksi olennoksi hoidon jälkeen. Kun palasin hoidosta kotiin, jouduin syöksykierteeseen alas päin, vieroituksen aiheuttama hulluus oli alkanut.

Taistelin yksin jokapäiväisiä demoneja vastaan, ja kuka oli tuo paholainen, MINÄ. Minun omat hiton ajatukseni, tunteeni ja ideani. Ei perheeni eikä kukaan lähelläni voinut ymmärtää sitä kipua, jonka läpi jouduin menemään ja joka sai minut jopa vielä vihaisemmaksi.

Kuvittele hetken ajan, jos joku ottaisi puhelimen pois sinulta kuukaudeksi. Tuon kuukauden jälkeen palaat normaaliin elämään, mutta sen sijaan, että antaisivat puhelimen sinulle takaisin, sanotaan, ok, et voi enää koskaan elämäsi aikana käyttää puhelintasi. Onnea vaan elämällesi. Jos sinulla on vaikeuksia, voit puhua tunteistasi tämän henkilön kanssa. Vielä parempi on, voit mennä ryhmätapaamisiin, joissa on muita, jotka eivät voi käyttää omia puhelimiaan. Tuollainen oli toipumismatkani alku.

En voinut mennä ulos, koska pelkäsin niin paljon sortumista, ja kaikki pitäisi alkaa alusta uudelleen. KAIKKI! Matkustaminen hiton bussilla oli pelottava kokemus minulle, koska en ollut tehnyt sitä raittiina sitten lapsuuden. Ensimmäisen kuukauden aikana vietin enimmän ajan kotona sohvalla istuen. Yritin löytää tapoja saada päivä kulumaan nopeammin ja olemaan ajattelematta ulosmenemistä ja juomista tai huumeiden käyttöä. Poltin yhä tupakkaa tuohon aikaan, mikä auttoi hieman. Sain siitä yhä vähän hyvänolontunnetta, mutta tiesin, että jossakin kohtaa senkin on loputtava. Ja kun olin valmis, lopetin myös tupakoinnin.

Hoitolaitoksessa he sanoivat meille, että samaan aikaan ei kannata tehdä montaa asiaa. Jos yhdessä epäonnistuu, siitä seuraa domino-efekti ja sitä täällä ei halua kukaan. Niinpä, tupakoin ja istuin sohvalla katsomassa elokuvia tai dokumenttiohjelmia YouTubesta, Netflixistä. Se ei ollut elämää, josta olin aina uneksinut. EI! SE OLI BULLSHITTI!

Päädyin menemään takaisin töihin noin kahden viikon kuluttua hoidosta palattuani. Se ei todennäköisesti ollut paras ajatus, koska työkavereillani ei ollut tietoa, missä olin ollut, eivätkä he sitä kysyneet. Typerät ryyppyjutut jatkuivat, ja minun tuli esittää mukana. Minua nolotti kertoa heille, että olin ollut pois töistä sairauslomalla, koska olin vieroitushoidossa. Sitten eräänä päivänä kerroin heille: "Lopetan juomisen. Valitsen terveellisen tien." Kukaan ei kysynyt: "Miksi?" Ja se oli siinä. He puhuivat edelleen juomisesta ja minä edelleen kuuntelin. Onnekseni saatoin työskennellä kotoa käsin ja niin sitten tein. Se oli minulle helpompaa, eikä minulla ollut sitä houkutusta ympärilläni. Jatkoin vain toistamalla itselleni joka ikinen päivä: "PÄIVÄ KERRALLAAN."

Luku 7:

Arvot vaikuttavat hoitoon

Jotta ymmärrät, mistä hoidosta on kysymys, sinun täytyy ymmärtää arvojen merkitys. Jotta voit muuttaa elämäsi, sinun tulee ymmärtää, että arvot vaikuttavat hoitoon. Minulle tämä oli se, mistä ongelmat alkoivat. Minulla ei ollut enää perusarvoja, sillä arvoni kuolivat päivänä, jolloin päihteiden väärinkäyttö karkasi käsistäni ja otti vallan elämästäni. Olin kadottanut näkymän siihen, mikä merkitsi minulle enemmän kuin alkoholi ja huumeet.

Kuinka voisin saada hoitoa, jos en edes tiennyt mitkä arvoni ovat? Kävin kolmesti viikossa A-terapiassa, mikä on AA-terapian kaltainen. Minä ja terapeutti puhuimme toipumisestani, tunteistani ja siitä miten minulla menee.

Muistan yhä ensimmäisen päivän, jolloin menin toimistoon ja naishenkilö kysyi minulta: "Kuinka voit?". Vastasin hänelle: "Vihaan tätä paskaa ja olen valmis tappamaan jonkun." Hänen vastauksensa lähes iski minut kanveesiin. "Tuo on normaalia, älä ole huolissasi siitä, ota päivä kerrallaan." Onko tuo nainen todellisuutta, olen fyysisesti valmis tarttumaan kiinni seuraavasta henkilöstä, joka kysyy "Kuinka voit?" ja nainen kertoo minulle, että tämä on normaalia eikä siitä tarvitse huolestua. Olin niin tolaltani terapiasta, että jälleen kerran olin valmis heittämään pyyhkeen kehään.

Olin niin kiitollinen, kun työterveyshoitaja soitti minulle ja tarkisti tilanteen. Vielä kerran, yllätys, yllätys, hänen ensimmäinen kysymyksensä oli "Niin kuinkas voit?" Jos ihmiset eivät kysy "Kuinka voit?", he kysyvät jotakin "Oletko yhä selvillä vesillä?" tai "Et ole vielä luovuttanut?".

Raivostuin hänelle ja melkein jysäytin puhelimeni lattialle. Onnekseni pikkuiseni käveli luokseni makuuhuoneeseen ja sanoi: "Iskä vihainen?" Se toi minut nopeasti takaisin maanpinnalle. Se oli tehokkaampaa kuin mikään terapeutti, lääkäri tai mitä kukaan muu pystyisi koskaan tekemään. Rauhoituin ja kerroin hoitajalle tapaukseni ja hän sanoi olevansa pahoillaan ja surullinen, että minun piti kokea tuo. Sitten hän sanoi katsovansa mitä voisi tehdä.

Seuraavana päivänä minulla oli uusi tapaamisaika ja uusi henkilö hoitaisi asiaani. Tässä oli tauko, jonka tarvitsin. Toisella terapeutillani (Johanna) oli erilainen lähestymistapa metodiin, joka oli hieman modernimpi. Hän pystyi näkemään yhteyden ja ymmärtämään mistä puhuin hänelle. Tärkein asia, jonka hän opetti minulle oli, kuinka olla kärsivällinen ja että kuunteleminen on avainsana.

Minun piti kuunnella itseäni. Minun piti kuunnella muita ja pysähtyä hetkeksi ja hengähtää. Hän opetti minulle myös mikä ero on arvojen ja uskomuksien välillä. Miksi minun tarvitsee tietää arvojen ja uskomuksien välinen eroavaisuus?

Tuntemalla arvoja ja uskomuksia paremmin ihminen voi viettää menestyvää ja mielekästä elämää. Emmekö me kaikki etsi tätä?

Ihmisen uskomukset ja arvot vaikuttavat myös yhteisöön, jossa hän elää. On tärkeää ymmärtää tärkeimmät erot arvojen ja uskomusten välillä. Vielä tärkeämpää on tehdä hyviä valintoja tulevaisuudessa. Mitä tämä tarkoittaa? Määritelmä uskomuksista sanoo:

ympäristöstä ja maailmasta tehty joukko olettamuksia.

Määritelmä arvoista sanoo:

suppea määritelmä arvoista eli se mikä on hyvää, toivottavaa tai kannattavaa. Arvot ovat tarkoituksellisen toiminnan motiivi. Ne ovat tarkoituksia, joihin pyrimme ja joihin pääsemme monin tavoin.

En tiedä sinusta, mitä tapahtuu, kun oletat jotakin. Itselleni tulee mieleen kuuluisa englanninkielinen lainaus *never assume because it makes an ASS outta YOU and ME.*

Mistä uskomukset tulevat? Uskomus on ajatus, joka hyväksytään totena ilman faktoja tai todisteita. Uskomukset vaihtelevat yhteisöstä toiseen. Tiede, faktat tai todistuskappaleet eivät tue niitä. Uskomukset siirtyvät sukupolvelta toiselle.

Uskomukset ja arvot ovat toisiinsa liittyviä. Mutta niitä ei pidä käsittää väärin samoiksi. Uskomukset ovat ajatuksia, jotka me hyväksymme ja arvot ovat sen tärkeys. Oikea uskomus ja arvo voivat rakentaa rauhanomaisen yhteiskunnan. Yksilöllä on täysi oikeus seistä minkä tahansa uskomuksen takana. Ja on myös yhtälailla tärkeää kunnioittaa erilaisia uskomuksia. Oikea ymmärtäminen ja sitoutuminen uskomukseen voi kehittyä vahvaksi arvoksi.

Luku 8:

Trauma on käsiteltävä, jotta muutokseen voi vaikuttaa

Yksi läheisimmistä ystävistäni ryyppäsi eräänä iltana ja tappeli tyttöystävänsä kanssa puhelimessa. Ystäväni teki itsemurhan. Läheinen serkkuni oli kotona yksinään tv:tä katsomassa ja juomassa pois tuskaansa. Hän nousi sohvalta, meni ulos tupakalle ja hänen sydämensä pysähtyi. Tällaisen trauman kohdatessa kuka tahansa minun tilanteessani alkaisi ajatella elämän muutosta.

Minulla oli osuuteni parhaan ystäväni kuoleman kanssa, koska silloin, kun tämä tapahtui, ajattelin, että voisin auttaa hänet ulos tästä. Menin hänen luokseen oluiden kanssa, ja me istuimme ja juttelimme siitä, miten hän voi. Ajattelin, että sain hänet ymmärtämään ja mielestäni meille kehkeytyi hyvä suunnitelma saada yhdessä elämämme takaisin.

Hän oli ensimmäinen henkilö, jonka tiesin oikeasti menneen vieroitushoitoon ja minä kävin jopa siellä häntä katsomassa. Hän oli niin onnellinen siellä, mutta kun hän palasi takaisin reaali maailmaan, hän oli henkisesti niin loppuun kulunut, ettei hänellä ollut keinoa selviytyä itsensä epäilystä, peloista ja alas sortumisen peikoista. En voinut tehdä mitään. Minulla oli oma elämäni, enkä voinut olla hänen rinnallaan 24/7.

Sama tapahtui serkkuni kohdalla, minulla ei ollut mahdollisuutta auttaa kumpaakaan heistä. Tietysti tämä alkaa vaikuttaa mieleen, mutta olen puhunut tästä terapiassa, ja tämä on asia, joka minun täytyy käsitellä. En voinut tehdä mitään, jos toinen ei ollut valmis ja halukas muuttumaan. Sanoin tämän edellisessä luvussa, SINÄ ET VOI PAKOTTAA MUUTOSTA.

Tällä tavoin kävi myös, kun isoisäni kuoli. Muutin Suomeen ollakseni lähempänä isoisääni ennen kuin hän kuolisi. Hän oli ainoa isoisä, jonka tunsin. Tätini soitti minulle ja sanoi: "Aiotko tulla katsomaan isoisääsi?" Kerroin tulevani tapaamaan häntä parin päivän kuluttua, sillä minulla oli muutama asia hoidettavana.

Pari päivää myöhemmin sain puhelinsoiton, isoisäni oli kuollut. Mitkä olivat ne pari asiaa, jotka minun piti tehdä? Jep, kännätä ja juhlia.

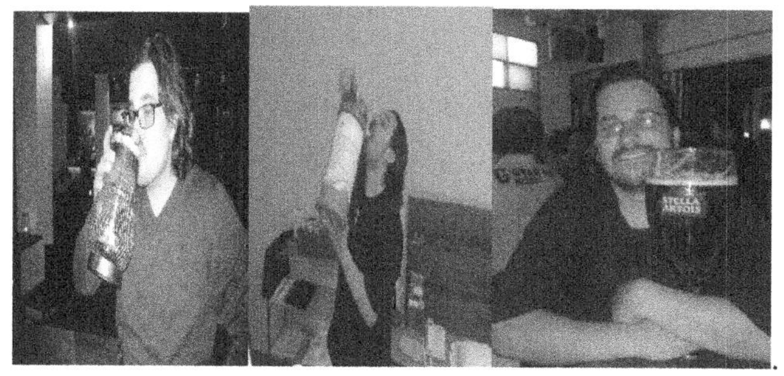

Näethän minun on mainittava nämä tuntemukset ja puhuttava niistä. Ne nakersivat sieluani ja jos en puhuisi niistä, trauma ei antaisi minun muuttua. Vihasin itseäni, koska olin asettanut päihteet jonkun minulle niin tärkeän henkilön edelle. Tämä mies oli sotinut sodissa, hän oli sankari ja jakoi minulle tietoa. En voinut mennä ja vierailla hänen luonaan, kun hän eniten tarvitsi minua. Mitä enemmän yrität haudata noita tunteita, kuten suurin osa meistä tekee, sitä enemmän ne kasvavat ja kasvavat kunnes eräänä päivänä. PAM!

Trauman käsitteleminen vaikuttaa muutokseen, koska se on kuin [4]Cognitive Behavior Therapy [Kognitiivinen psykoterapia] (CBT). CBT-hoidon pyrkimyksenä on yleisesti ottaen muokata ajatusmalleja. Yksi toimintasuunnitelma on oppia tunnistamaan ihmisen haittaa tuottavat ajatukset, jotka aiheuttavat ongelmia. Sitten ne arvioidaan uudelleen todellisuuden valossa.

---

[4] Cognitive Behavior Therapy

Katsos juomiseni aiheutti minulle niin monia ongelmia, mutta en ymmärtänyt miksi. Olin vihainen perheelleni, koska se yritti pakottaa minut elämään elämää, johon minulla ei ollut mitään mielenkiintoa ja se sai minut kapinoimaan. Minun piti selviytyä sen tosiasian kanssa, että yksi painavimmista syistä, miksi muutin Suomeen 19-vuotiaana oli se, että voisin olla lähempänä isoisääni, mutta en sitten ollut hänen vierellään, kun hän kuoli. Kun hän tarvitsi minua eniten, en ollut paikalla. Olin juhlimassa ja hölmöilemässä.

Tämän lisäksi minun piti käsitellä koko trauma sekä nuorempana aiheuttamani ja näkemäni kipu. Jos tämä ei ollut tarpeeksi paha, minun piti käsitellä veljeni ensimmäisen lapsen menetys. En voinut auttaa veljeäni ja en koskaan edes tavannut veljeni poikaa, sillä olin Suomessa. Muistan elävästi sen puhelinsoiton. Se tuhosi minut.

Menin ystäväni luokse, tupakoin ja join puolet hänen viskipullostaan unohtaakseni kaiken. Tämä ei ilmeisestikään ollut paras tapa käsitellä tilannetta. Seuraavana päivänä tunteet olivat yhä sisälläni. Mikään ei ollut muuttunut, olin vain missannut 40 puhelinsoittoa, 25 tekstaria ja 15 ääniviestiä.

Olin vihainen! Vihani muuttui pahemmaksi, kun aloin ymmärtää, että minulla ei ollut ollut lainkaan mahdollisuutta estää mitään näistä tapahtumasta. Tämä on dna:ssani. Miten se puuttui isosiskoltani ja - veljeltäni, on yli ymmärrykseni.

Nyt suurin haasteeni on suojella lapsiani ja perhettäni. Minulla on ehkä ollut myrskyinen alku enkä ole ollut paras roolimalli. He ovat nähneet joka ikinen päivä psyykkiset haasteet, joita olen kohdannut.

Kuinka haastavaa se oli ja on yhä, minun piti muuttua. En halunnut pois heidän luotaan toiseksi kuukaudeksi ja yritin selittää heille, että tämä on sairaus, ja edistyn joka päivä. Minulla on hyvät päiväni ja huonot päiväni.

Tämä on suuri ongelma, kun lähdet vieroitushoidosta. Se ei anna sinulle työkaluja, joita tarvitset selviytyäksesi jälleen arkielämässä. Siksi kehitin 30-päiväisen haasteen.

Opetan toipumassa oleville päihderiippuvaisille, kuinka palata onnistuneesti kotiin vieroitushoidon jälkeen niin, ettei sorru uudelleen. Haluan tämän auttavan mahdollisimman monia ihmisiä ja tunnen siitä ylpeyttä. Paras ystäväni Jani, serkkuni Minna, isoisäni Tauno, veljenpoikani Kevin olisivat myös ylpeitä siitä, että olen toipunut tarpeeksi auttaakseni muita.

Luku 9:

Toipuminen edellyttää henkilökohtaista vastuuta

Mainitsin aiemmin, että hain apua ja lähetin itseni vieroitushoitoon. Se oli paras päätös, jonka olen koskaan tehnyt. Se tuntui lomalta, äläkä nyt ymmärrä minua väärin, lomalla tehdään jotakin MITÄ ITSE HALUAA TEHDÄ, ei sellaista, mitä muut käskevät sinua tekemään. Se oli lomaa siinä mielessä, että he ottivat pois puhelimeni, tietokoneeni ja kontaktini ulkopuoliseen maailmaan seitsemäksi päiväksi. Mikä tuntui aluksi painajaiselta, mutta osoittautui pian lomaksi minulle.

Se alkoi painajaisena, koska kuvittelepa itsesi ilman puhelinta tai muuta kontaktia ulkomaailman kanssa. Kun aikaa kului, huomasin, että se antoi mielelleni tauon, jonka se tarvitsi, sillä ensimmäistä kertaa elämässäni pystyin rentouttamaan hartiat ja rentoutumaan. Minulla ei ollut stressiä, minulla ei ollut huolia. Minun tarvitsi vain olla. Kuinka moni meistä on päässyt tähän? Aidosti vain ottanut askeleen taakse päin ja päässyt eroon kaikesta ympärillä olevasta.

Mielestäni se oli rankkaa alussa, koska huomasin kyseleväni jatkuvasti itseltäni 'mitä nyt teen?', mutta sitten luovuus tuli esiin minusta. Minun täytyi tehdä jotakin, sillä en ollut valmis meditoimaan tai rentoutumaan. Aloitin luovilla seurapeleillä, joita muut potilaat ja minä saatoimme pelata yhdessä. Suosikkipelimme oli "Plastic Bottle Bowling" [muovipullokeilaus]. Tarvitsimme vain 10 kpl puolentoista litran muovipulloja (kokis- tai vesipulloja) aseteltuina kuin keilat. Sitten käytimme jalkapalloa keilojen kaatamiseen.

Lisäsimme vaihtelua peliin potkaisemalla palloa normaalin keilaamisen sijaan. Se oli niin hauskaa, että sain kaikki talossa olevat mukaan pelaamaan. Oli niin hyvä pitää jälleen hauskaa ja nauraa kuin pikkulapset ilman päihteitä. Tajusin, että ehkäpä ihmisten naurattaminen olisi jotakin, jota voisin yhä tehdä – jopa ilman alkoholia.

Aloin oppia kuka olen, ja minulla oli kaikki nämä ideat, jotka alkoivat tulla mieleeni ja se oli lähes liiallista. Mutta tällä kertaa ideat olivat positiivisia, mikä tapahtui ensimmäistä kertaa.

Muistan yhä ensimmäisen puhelinsoiton vanhemmilleni. Äitini tiesi, missä olin, mutta isälläni ei ollut aavistustakaan. Koska isäni on alkoholisti, joka juo joka päivä, ei ollut järkeä kertoa hänelle, sillä hän ei muistaisi sitä seuraavana päivänä kuitenkaan.

Olin puhelimessa ja ensimmäinen asia, jonka isäni kysyi minulta oli: "Hei, oletko kunnossa?" Vastasin: "Juu, pärjään kyllä, kaikki hyvin." Sitten hän sai minut nauramaan kysymällä: "Hei, ole nyt rehellinen, OLETKO VANKILASSA?" Hyvänen aika, että nauroin kysymykselle ja vastasin: "En!" Hän jatkoi selittämällä: "Ok koska ihmettelin mitä hittoa on meneillään kanssasi, sillä emme voi tavata sinua tai puhua kanssasi, ja sinä et ole kotona". En siltikään kertonut isälleni missä olin.

He tulivat Kanadasta Suomeen kuukaudeksi auttamaan vaimoani ja lapsiani sillä aikaa kun olin hoitolaitoksessa. Olen niin kiitollinen heille enkä voinut uskoa, että he tekisivät näin minun vuokseni. Voin keskittyä 100 %:sti toipumiseeni eikä minun tarvinnut olla huolissani, oliko kotona kaikki hyvin. Lapset eivät myöskään ymmärtäneet, missä olin ja kerroin heille, että isi on sairas ja saa apua. Olin lopultakin ottamassa täyden vastuun elämästäni. Aikomukseni on kertoa heille, missä olin ja mitä tapahtui vieroitushoidossa, kunhan he ovat hieman vanhempia.

Kaiken tämän uuden tiedon myötä olin pääsemässä hoitolaitoksesta, ja mietin minkähän laista elämä olisi, kun olin pääsisin kotiin. Lähtöpäiväni lähestyi ja aloin olla innoissani, samalla siihen sekoittui hermostuneisuutta. Olin innoissani näkemään jälleen perheeni ja jatkamaan elämääni, ja samalla hermostunut, koska minulla oli vielä 7-tunnin junamatka takaisin kotiin. Se on valtavan pitkä aika ajatella asioita ja olla "normaalien" ihmisten joukossa, jotka joisivat alkoholia junassa.

Nimittäin vieroitushoito voi antaa sinulle kaiken tarvittavan tiedon mitä tarvitset ulkomaailmassa. Mutta nyt oli aika panna se käytäntöön. Junamatkan lisäksi olin menossa takaisin paikkaan, jossa alkoholisti-isäni olisi. Tiesin varmasti, että talossani olisi alkoholia. Puhuin äitini kanssa ja pyysin häntä varmistamaan, että isäni ei olisi juovuksissa, kun tulisin kotiin. En sanonut äidille, että estä isän juominen, koska en halunnut heidän päätyvän riitaan. Siinä tapauksessa isäni olisi kännissä silloin, kun tulisin kotiin. Pyysin äitiäni selittämään isälle, kuinka tärkeää tämä on minulle.

Olin jo asettamassa ajattelutapaani haasteisiin, joita alkaisi tulla. Olen aina sanonut, että sinulla voi olla kaikki maailman työkalut, keinot ja tieto, mutta jos et halua MUUTTUA, mikään ei auta. Jos et ole 100 %:sti sitoutunut siihen mitä teet, silloin kaikki keinot ja tieto ovat hyödyttömiä. Olet haaskannut aikaasi ja rahasi. Jos suunnittelet muutosta, MUUTU! Pistä siihen kaikkesi. Ei enää tekosyitä.

Oltuani ensimmäisen kuukauden kotona masennus alkoi käydä päälle. Vanhempani lensivät takaisin Kanadaan. Olin nähnyt heitä vain viikon ajan ennen kuin heidän täytyi lähteä. Mutta olin kiitollinen, että he olivat tulleet auttamaan. Ensimmäinen kuukausi oli vaikea ja minulla ei ollut aavistustakaan mitä aioin tehdä tai mikä suunnitelma olisi. Menin takaisin töihin parin viikon kuluttua ja aloin työskennellä enemmän kotoa käsin. Halusin myös pudottaa painoa ja tehdäkseni kaiken tämän oli minun muutettava ajattelutapaani.

Seuraava tehtäväni oli tulla selväksi. Ei näyttänyt olevan väliä mitkä olosuhteeni olivat, minä yksin voin valita kuinka vastata haasteeseen. Ei ollut mitään järkeä velloa joka päivä omassa itsesäälissä. Nämä valinnat ovat aina sinun itsesi päätettävissä. Jos ne eivät olisi sinun päätettävissäsi, et tekisi niin. Kuten keskustelimme edellisessä luvussa, et voi pakottaa ketään muuttumaan, ihmisen pitää itse valita muuttuminen.

Vaikein asia suurimmalle osalle ihmisistä olisi MIKSI. Miksi teen tämän? Miksi haluan muuttua? Haasteena on löytää sinun oma 'MIKSI'. Minun 'miksi' oli lapseni. Halusin katkaista kierteen ja olla parempi isä, ja tiesin myös, että olin parempi ihminen kuin tämä nykyinen. Olin alkanut ymmärtää motiiveja ja syitä miksi tein asioita kuten tein. Olin

OPPIMASSA. Ensimmäistä kertaa elämässäni
MINÄ YMMÄRSIN.

142

Luku 10:

Kunnioita toipumisprosessia

Matkan ensimmäisestä päivästä tiesin, että siitä ei tulisi helppo. Tiesin, että muutos ei tulisi olemaan helppo. Minulla oli jälleen paljon asioita pyörimässä päässäni ja tuntui kuin olisin palaamassa takaisin omaan vanhaan itseeni. Paitsi etten ottanut mitään.

Oli niin monia paikkoja, joihin minun piti mennä ja puhua ja ajoittain se tuntui ylivoimaiselta. Minun piti puhua ADHD-terapeutin kanssa, päihde-asiantuntijan kanssa ja minun piti myös antaa säännöllinen pissanäyte todisteeksi, että olin yhä puhdas. Sitten oli psyykkinen terveysterapia ja kaiken tämän lisäksi minulla oli jatkohoitoryhmän viikoittainen tapaaminen, jossa kertoisin, kuinka viikkoni oli mennyt.

Paljon kontrollia ja lisäksi minulla oli työni ja perheeni, joista pitää huoli. Ei ihme, että pimahdin kotona ja melkein kaikkialla muuallakin, minne menin. Kun yrität käsitellä koko prosessia, siitä voi tulla ylivoimaista. Kun sinulla ei ole tarpeellista tukea, se tekee siitä jopa vaikeampaa.

Vaimoni ja lapseni ajattelevat, että olen ilkein ja vihaisin hullu henkilö, ja rehellisyyden nimissä toisinaan olinkin. Mielialan vaihtelut olivat niin kontrolloimattomia alussa, ja se surettaa minua sydänjuuriani myöten, että heidän on pitänyt kestää se kaikki. Käsittelin demonejani ja kamppailin itseni kanssa joka päivä. Taistelin kontrolloidakseni itseäni ja estääkseni itseäni hyppäämästä pois tästä junasta tai jopa rakennuksen katolta.

Minun piti selviytyä monista vaikeista opetuksista. Vaikein läksy minulle oli tunteistani kertominen ja pysyminen kärsivällisenä. Kävin tätä läpi terapiassa, jossa pystyin valittamaan, että prosessi kesti liian kauan. Joskus kärsivällisyys voi olla niin vittumaista.

Miksi emme saa kaikkea haluamaamme kahdessa tai kolmessa päivässä? Miksi asioiden saavuttaminen kestää vuosia? Näin ajattelin heti silloin ja ollakseni rehellinen yhä toisinaan ajattelen näin. Annan esimerkin, olin niin kyllästynyt vahtimaan ruokaa uunissa, että asetin Facetime-kameran sohvalta uunin sisälle! Mielestäni olin liian kiireinen katsellakseni ISOA kuvaa. Minun piti oppia pysähtymään, hidastamaan ja katsomaan ympärilleni. Huomatakseni asiat. En kiinnittänyt huomiota pieniin yksityiskohtiin, jotka tekivät tuosta kuvasta ihmeellisen.

Ajattelepa seuraavasti. Joku maalaa aina ihastuttavimman kuvan auringonlaskusta. Jos tällä henkilöllä ei olisi kärsivällisyyttä, hän piirtäisi horisontin ja sitten puoli aurinkoa ja vettä. Tämä on nopea ja vaivaton tapa piirtää auringonlasku.

Mutta toinen henkilö käyttäisi aikaa yksityiskohtiin. Kuva on sama, mutta taivaalla voisi olla eri värejä, ehkä joitain pilviä. Veden väreilyä tai horisontissa kohoava luminen vuori, jonka rinteillä näkyvät huipulle johtavat polut. Kuvassa saattaa lentää lintuja tai näkyä järveä ympäröivä metsä puineen. Tarvitaan siis pieniä yksityiskohtia, jotka saavat auringonlaskun kauneuden muuttumaan todentuntuiseksi.

Minun oli opittava, miten pysähtyä katsomaan nopeasti laskevaa aurinkoa ja lisäämään kaikki pienetkin värisävyt. Ja se muutti elämäni.

Miten on sinun kanssasi? Mitä kuvaa piirrät? Kun piirrät elämäsi kuvaa, varmista, että lisäät hienoja yksityiskohtia, esimerkiksi väreilevää vettä. Pistä kaikki tarmosi tuon piirroksen tekemiseen, jotta kaunis auringonlasku näyttää todentuntuiselta.

Kun olet saanut sen piirrettyä niin, että pidät siitä, sinun täytyy juhlia tätä pientä voittoa. Voitto on osa suurta juhlaa kaiken päätteeksi. Sanotaanpa että kävelit tänään 5, 10, 15, 20 minuuttia. JUHLI. Tämä on osa suurempaa kuvaa, jota yrität kuvata.

Tosin sanoen yritä olla miettimättä kaikkia niitä isoja asioita, joita sinun pitää tehdä tai miettiä paikkoja, joissa sinun tulee olla. Pysähdy sen sijaan ja havaitse ehdottomasti kaikki, minkä voit siinä tilassa, jossa olet.

Sinun tulee kunnioittaa omaa toipumisprosessiasi. Se ei tule olemaan helppoa, ja toipuminen ei ole nopeaa. Älä ymmärrä minua väärin, jotkin jaksot tuntuvat kuin ne olisivat menneet nopeasti ohi. Sinun täytyy jatkaa niiden tekemistä, jotta niistä tulee päivittäinen rutiini. Tulee myös aikoja, jolloin teet kaiken oikein ja mitään muutosta ei tapahdu. Älä anna tämän pilata kaikkea mitä olet tehnyt, näitä pieniä takaiskuja tapahtuu, mutta sinulla on kaksi vaihtoehtoa eli

1. hyväksyt takaiskun ja opit siitä tai 2. vittuunnut ja heität kaiken tekemäsi kovan työn vessanpytystä alas. Valitsin numero ykkösen. Ja toivon, että sinä myös. Ja vieläkin enemmän toivon, että sanani tässä kirjassa auttavat ja antavat sinulle voimaa.

Sinun täytyy myös muistaa, että muutosprosessit ovat olemassa jostakin syystä. Ei siksi, että ne tekisivät elämästäsi vaikeampaa, vaikka välillä se siltä tuntuu, vaan parantaakseen sinua. Terapiassa käyminen ja siellä asioiden läpikäyminen on se, mitä me kaikki tarvitsemme. Jos sinulla ei ole varaa terapiaan, olen varma, että jossakin on paikka, johon voit mennä maksutta puhumaan jonkun kanssa. Jos liityt Facebook-ryhmään tai vastaavaan, ole varovainen. Olen huomannut, että joissakin ryhmissä on huijareita, jotka haluavat sinulta jotakin tai eivät ole 100 %:sti mukana toipumisessa. Joten ole varovainen, mutta jos voit mennä terapeutille, se auttaa.

Alussa terapiassa käynti voi olla turhauttavaa. Jos ajattelet mitä sanot ja mitä he yrittävät saada sinut tekemään, tulet hämmästymään tuloksista. Jos et pysty löytämään ketään, voit aina ottaa minuun yhteyttä (sappiheal@gmail.com).

Minulle tämä oli vaikea juttu, koska joka kerta minulta kysyttiin, miltä tämä minusta tuntuu. Sanoin joko niin miten he halusivat, että vastaisin tai sitten sanoisin, ettei minulla ole mitään tuntemuksia tästä. Joidenkin terapiaistuntojen aikana teimme tästä pelin, koska kukapa ei pitäisi peleistä? Terapeutti levitti pöydälle pakan tunnekortteja. Sitten hän kysyi kysymyksen ja minun piti poimia kortteja, joissa oli tunteet, joita tunsin. Sain poimia 3–4 korttia. Kun löysin tunteet, ajattelin, että ne olivat ne, joita tunsin. Sitten hän pyysi minua selittämään, MIKSI poimin juuri nuo kortit kaikista muista korteista. Hän ei antanut minun vastata tyyliin "Poimin tämän, koska tunnen näin". Yritin tätä melkein joka tapaamisella, mutta hän pani minut menemään syvemmälle tunteeseen ja tuomaan sen ulos.

Terapian koko pointti oli puhua asiat auki, mutta ei sen kertomista miltä minusta tuntui. Ei, vaan minun piti oppia kuuntelemaan itseäni ja selvittämään asiat. Olen huomannut, että kukaan ei opi mitään, jos häntä ei laiteta töihin. Jos annat toiselle vastaukset tai näytät, kuinka jokin tehdään, hän menee eteenpäin, mutta se on vain lyhytaikainen ratkaisu. Pitkässä juoksussa ihminen unohtaa kaiken mitä olet sanonut tai tehnyt hänen puolestaan.

Hänen ei tarvinnut taistella ongelman ratkaisemiseksi. Mitä enemmän ongelmia ratkot elämässäsi sitä onnellisempi olet. Asian loppuun saattaminen on palkinto. Jos saat "helpon" tien, et muista mitä tapahtui ja tulet tekemään samat virheet uudelleen.

Minun täytyi oppia tunteistani, sillä "en välitä" asenteeni ei vienyt minua mihinkään. Tosiasiassa se teki elämästäni vieläkin vaikeampaa kuin sen olisi tarvinnut olla. Jos muistelen kouluaikojani, en välittänyt pääsinkö kokeesta läpi vai en (vanha mielenlaatuni, ajattelutapani). Hyvin tehty, typerys! Tuo asenne sai minut palaamaan koulun penkille 27-vuotiaana tutkintoa suorittamaan. En voinut saada työtä Kanadan lukion tutkintotodistuksella. Tällä kertaa en joutunut hankaluuksiin opettajien kanssa.

Katsos, sinun täytyy tehdä muutosprosessista mahdollisimman helppo noudattaa. Sen täytyy olla looginen, mutta ennen kaikkea SINUN TULEE OLLA AVOIN MUUTTUMAAN. Jos ryhdyt tähän suljetuin mielin, voit yhtä hyvin palata vanhaan elämääsi, sillä tämä ei auta sinua.

Sinun täytyy muuttua: sinun täytyy tuhota mielessäsi oleva ohjelma ja luoda uusi. Jos et laadi uutta ohjelmaa tai uutta suunnitelmaa, sitten sinun täytyy tehdä mitä minä sanon seuraavan viikon, ehkä jopa seuraavan kuukauden ajan, mutta jotakin tapahtuu, jotakin mitä et hallitse tai mihin sinulla ei ole valtaa ja PAM, arvaa, kuka on takaisin?

Oikein. Jotakin odottamatonta tapahtui. Siksi sinun täytyy olla avoin muutokselle. Älä taistele muutosta vastaan, sillä jos näin teet, taistelet itseäsi vastaan. Mielesi, ohjelmoitu ajatusmaailmasi yrittää kaikkensa ja joka ikisen asian estääkseen sinua olemasta onnellinen. Se ei ymmärrä, että vaihdat ohjelmaan, joka tekee sinusta onnellisemman kuin koskaan. Ohjelmoitu mielesi on suunniteltu suojelemaan sinua. Milloin tahansa, kun yrität jotakin, eikä mielesi tiedä mikä on lopputulos, se painaa paniikkinappulaa ja pysäyttää sinut hinnalla millä hyvänsä.

Oletko koskaan nähnyt jonkun olevan hyppäämäisillään benjihypyn ja viime sekunnilla hän kääntyy ympäri eikä hyppääkään? JEP! Mielen ohjelma on puhunut. Ihminen kuunteli ohjelmaa ja ohjelmamieli voitti. Mitä luulet, miltä hänestä tuntui jälkeenpäin? Ohjelma ei välitä, se teki mitä sen oli suunniteltu tekevän: esti ihmistä vahingoittamasta itseään. Mitä luulet, miltä hänestä olisi tuntunut, jos hän olisi hypännyt? Tuo ihminen olisi ollut 1000 kertaa energisempi tai innostuneempi elämästä. Siis älä taistele muutosta vastaan, sinulla tulee olemaan tarpeeksi kovat ajat taistelussa itsesi kanssa.

Älä myöskään pelkää tai ole kauhuissasi eteenpäin menosta, kyllä, tuntematon on monimutkainen juttu. Sinulla ei ole aavistustakaan mikä lopputulos tulee olemaan. On helppoa tietää mitä tapahtuu, jos lähdet ulos juopottelemaan. Tiedät mikä on lopputulos. Juot alkoholia nopeaan tahtiin, menetät kontrollin, sinusta tuntuu ihanalta, tanssit kuin hullu, hyppelehdit ympäriinsä kuin ei huolen häivää tässä maailmassa. Sitten alat tuntea itsesi hieman alakuloiseksi, niinpä ostat kierroksen shotteja, tunnet huoneen pyörivän, sitten alat tuntea itsesi surkeaksi. Annat periksi kiusaukselle, niinpä vähän itket. Itkemisen jälkeen kumoat viskin tai tequilan ja nyt sinua vituttaa. Olet raivona itsellesi ja kaikelle ympärillä olevalle, alat huutaa: "HALUUKS JOKU TAPELLA!" Sitten sytytät jointin poliisin nenän edessä itsesi rauhoittamiseksi. Saatat viettää yön putkassa. Seuraavana aamuna sinulla ei ole aavistustakaan, miten päädyit sinne missä olet.

Voit tehdä mitä osaat tai voit lähteä kävelylle. Harrasta liikuntaa, opi tuntemaan itsesi. Ota kaikki vastaan niin hitaasti tai nopeasti kuin haluat. Kuuntele jokea, kuuntele lintuja, kävele läpi ihanien metsien ja kuuntele eläimiä.

Patikoi vuorelle, lue kirjaa, kun juot jäätetä. Mene aikaisin nukkumaan ja nuku hyvät yöunet ja herää pirteänä ja valmiina valloittamaan maailma.

Valinta on sinun, mutta kerronpa sinulle seuraavan vaihtoehdon eli SINÄ hallitset kaikkea mitä teet. SINÄ et jahtaa mitään! SINÄ et jahtaa humalaa, onnellisuutta, vauhtia, jahtaa, jahtaa, jahtaa – mitä sinä jahtaat?

Mitä tahansa se onkin, sitä ei koskaan tule. Luota minuun, minä tiedän. Siis älä pelkää ikävystymistä. Älä pelkää kuunnella omia ajatuksiasi, älä pelkää tehdä jotakin mitä olet aina halunnut tehdä. TEE SE.

Luku 11

Yhteenveto

Tässä olemme. Kirjan viimeinen luku. Toivon, että nämä tarinat ja kokemukset auttoivat sinua eteenpäin. Olen varma, että voit samastua moniin tarinoihini ja kokemuksiini. Mutta kuinka saamme nämä kaikki yhdistettyä uuteen elämään, uuteen muutokseen, uuteen sinuun?

No, sinun täytyy muistaa, että muutos ei ole helppo ja koskaan sitä ei saisi kiirehtiä (hetkinen, ajattelinko ja kirjoitinko tuon). Mr. "Kärsimätön" kertoi sinulle, ettei pidä kiirehtiä tässä muutosprosessissa. Mutta on totta, jos alat yrittää korjata ja muuttaa "kaiken", se murskaa sinut. Tätä emme tahdo.

Ota yksi tehtävä kerrallaan. Ota yksi päivä kerrallaan. Askel askeleelta, pikkuhiljaa. Tämä ei ole pikamatka vaan extreme-laji. Sinut hakataan ja pieksetään. Älä huoli, kuoriudut tästä ulos täysin eri ihmisenä. Äärimmäisen onnellisena ihmisenä, joka on valmiina vastaanottamaan minkä tahansa haasteen, joka eteen tulee. Muista, että sinun täytyy ymmärtää, että jokainen saavuttamasi pieni voitto on juhlimisen arvoinen. Jos opit rakastamaan niitä pieniä asioita, joita vihaat, se antaa sinulle lisää motivaatiota päästä eteenpäin.

Itselleni junamatka vieroitushoitoon ja takaisin ilman alkoholia pitkästytti minua todella paljon, mutta se myös haastoi minut, ja tein sen. Otin ensimmäisen askeleen kohti toipumistani tekemällä tämän. Ihmeellistä.

Seuraava asia oli ystävien tapaaminen ja tutustuminen uuteen sosiaaliseen elämään. Tämä oli nyt vähän hankalaa, koska suurin osa ystävistäni ryyppäsi. Itse puolestani vihasin menemistä vain kahville, joten tässä kesti ennen kuin tein niin. Järjestin sen niin, että olin siellä vain ehkä 20 tai 30 minuuttia. Mutta baarin tuoksut, äänet ja tunnelma leikkivät edelleen kanssani.

Haastavin kokemukseni oli, kun tein ensimmäisen stand-up-keikan vain kaksi viikkoa hoitolaitoksesta palattuani. Se melkein työnsi minut yli reunan ja se oli suurin haaste, jonka olen koskaan kohdannut. Olen aiemmin tehnyt keikkoja selvin päin ja vihasin niitä. Minusta tuntui, että pidätin itseäni enkä ollut oma itseni, kuten olisin, jos minulla olisi muutama juoma. Kun minulla oli Suomen tv:ssä komedia-show, join 15 olutta ennen lavalle menoa ja kukaan ei voinut edes aavistaa asian laitaa. Sairasta, kun ajattelen tätä nyt.

Mutta olin illan esityksen isäntä, joten en voinut vain tehdä osuuttani ja sitten häipyä. Ei, vaan minun täytyi olla paikalla koko 2-tuntinen ja yhä kehua juopunutta yleisöä ja olla ammattilainen.

Esityksen lopussa aloin melkein itkeä, mutta ilta oli FANTASTINEN. Illan päättyessä tunteeni kävivät hurjina. Otin mikrofonin ja sanoin yleisölle: "Haluan kiittää jokaista, joka on tullut luokseni ja sanonut, että on odottanut koko ajan kuullakseen mitä mieletöntä sanoisin seuraavaksi! Teillä ei ole aavistustakaan, miten paljon tämä ilta on merkinnyt minulle. Te kaikki olette ihmeellisiä."

Olen vähällä tirauttaa kyyneleen kirjoittaessani tätä. Tämä ei ollut pieni askel, se oli valtava, ja minä tein sen, ja usko minua, olen ylpeä itsestäni.

Pari vuotta sitten en voinut sanoa olevani ylpeä itsestäni. Olisin sanonut, no, se oli jotakin mitä minun piti tehdä, ei niin iso juttu. Kuinka ajat ovat muuttuneet. Sinun täytyy olla ylpeä itsestäsi, jokaisesta pienestä, pikkuriikkisestä asiasta, jonka saavutat. Ei ole mitään liian pientä, ylistä niitä kaikkia. Tämä ei ole helppo muutosprosessi.

Viimeinen asia, jonka halua sanoa sinulle, ja tämä on tärkeä pitää mielessä, älä koskaan ajattele, että olet parantunut. Niin pian kuin näin ajattelet, lakkaat tekemästä työtä. Me emme ole koskaan valmiita oppimisessa, tutkimisessa ja toipumisessa. Siispä tarkkaile sanojasi, joita käytät, koska ohjelmoitu mielesi voi aina tulla takaisin, jos raotat sille vähänkään ovea. Sanoja kuten 'olen toipunut'. Me emme toivu koskaan. Mutta älä anna noiden sanojen masentaa tai lannistaa sinua, koska tosiasiassa ne ovat vapauttavia. Koska se tarkoittaa juuri tätä – sinä olet vapaa.

Anna palautetta

Haluaisin mielelläni kuulla mitä sinulla on sanottavaa. Lähetä palaute osoitteeseen:
sappiheal@gmail.com

Mitä pidit kirjasta?

Kerro yksi asia, mikä kirjassa olisi voitu tehdä tehdä paremmin?

Kirjoittajasta

Peter Sapiano on Kain Ramsay Ltd:n suunnittelema elämäntapavalmentaja, itseoppinut yrittäjä, stand-up-koomikko, tapahtumaisäntä, IT-insinööri, kirjailija, isä ja henkisesti hauska mies

Lisälukemista/lähteet

Brand, Russell, *Recovery: Freedom from Our Addictions* (Bluebird, 2018)

Mark, Manson, Everything Is F-cked (Harper Paperbacks; Reprint edition 2020)

Kelly, Swanson, Affirmation Journal for Positive Thinking: Prompts and Inspiration to Help You Harness Peace and Joy (Rockridge Press 2022)

Devin, Schubert, Authenticity Today: The Motive God is Searching for Independently published (April 22, 2020)

SAPPIHEAL, Sappi Happy Healthy Heal

www.sappiheal.com

Vastuuvapauslauseke

Tämä kirja sisältää SAPPIHEALin mielipiteitä ja ajatuksia.

Tarkoituksena on antaa hyödyllistä ja informatiivista materiaalia aiheista toipumisprosessissani, joka käsittelee päihteiden väärinkäyttöä.

Kirjaa myydään edellyttäen, että SAPPIHEAL ei ole terveydenhuollon ammattilainen, lääkäri tai terapeutti.

Lukijan pitäisi konsultoida omaa lääketieteen, terveyden tai muun alan pätevää ammattilaista ennen kuin soveltaa mitään kirjassa ehdotettua.

SAPPIHEAL sanoutuu irti erityisesti kaikesta vastuusta koskien mitään henkilökohtaista tai muuta velvollisuutta, menetystä tai vaaraa, joka voi olla seurauksena, suoraan tai epäsuoraan, tämän kirjan minkään sisällön käyttämisestä ja soveltamisesta.

Made in the USA
Monee, IL
07 July 2026